starkeSeiten 8
Informatik

von:
Pascal Boesch
Katharina Geldreich
Uschi Rottinger

Ernst Klett Verlag GmbH
Stuttgart · Leipzig · Dortmund

So lernst du mit starkeSeiten

Die Einstiegsseiten
führen in ein neues Thema ein und zeigen, was dich in dem Kapitel erwartet.

Auf den Basisseiten
erfährst du alles Wichtige zu einem Thema.

Die Methodenseiten
erklären dir Schritt für Schritt, wie du eine Methode anwendest.

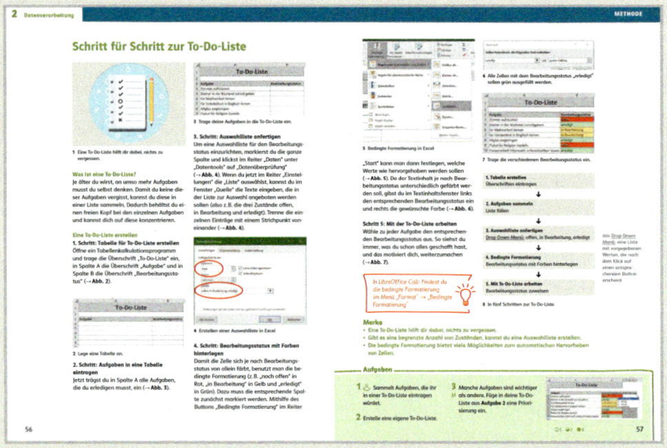

Die Trainingsseiten
enthalten Aufgaben zum Wiederholen und Üben.

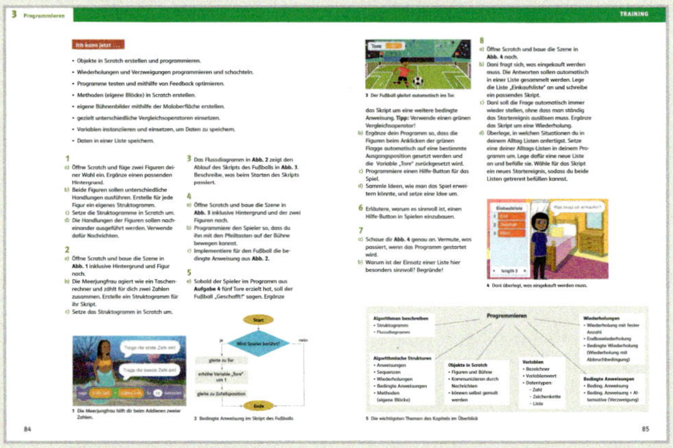

Die Extraseiten
bieten Vorschläge für praktische Anwendungen.

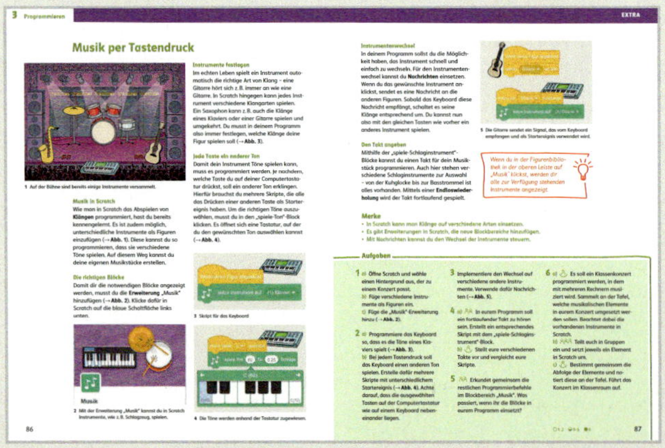

Im Lexikon
kannst du wichtige Begriffe nachschlagen.

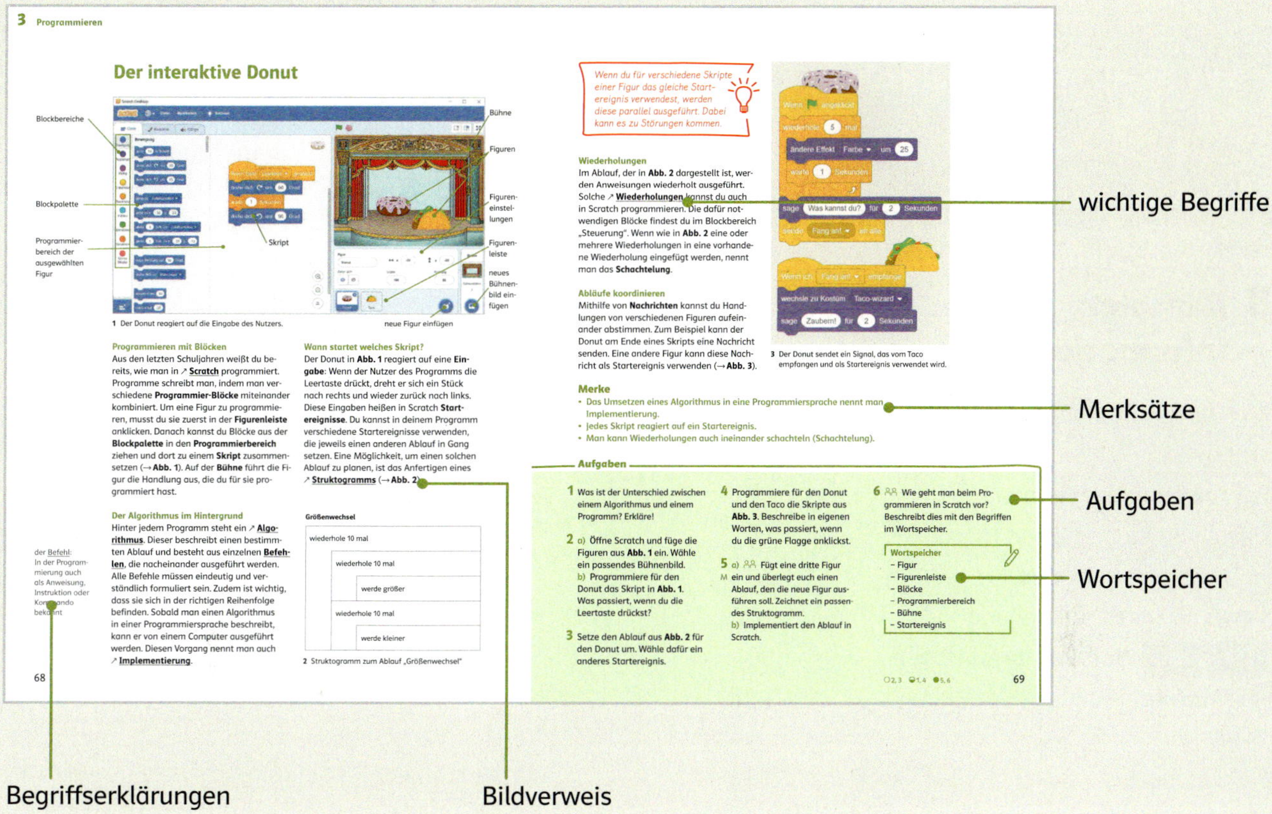

3 Programmieren

Der interaktive Donut

1 Der Donut reagiert auf die Eingabe des Nutzers.

Programmieren mit Blöcken
Aus den letzten Schuljahren weißt du bereits, wie man in ↗ Scratch programmiert. Programme schreibt man, indem man verschiedene **Programmier-Blöcke** miteinander kombiniert. Um eine Figur zu programmieren, musst du sie zuerst in der **Figurenleiste** anklicken. Danach kannst du Blöcke aus der **Blockpalette** in den **Programmierbereich** ziehen und dort zu einem **Skript** zusammensetzen (→ **Abb. 1**). Auf der **Bühne** führt die Figur die Handlung aus, die du für sie programmiert hast.

Der Algorithmus im Hintergrund
Hinter jedem Programm steht ein ↗ **Algorithmus**. Dieser beschreibt einen bestimmten Ablauf und besteht aus einzelnen **Befehlen**, die nacheinander ausgeführt werden. Alle Befehle müssen eindeutig und verständlich formuliert sein. Zudem ist wichtig, dass sie sich in der richtigen Reihenfolge befinden. Sobald man einen Algorithmus in einer Programmiersprache beschreibt, kann er von einem Computer ausgeführt werden. Diesen Vorgang nennt man auch ↗ **Implementierung**.

der Befehl: In der Programmierung auch als Anweisung, Instruktion oder Kommando bekannt

Wann startet welches Skript?
Der Donut in **Abb. 1** reagiert auf eine **Eingabe**: Wenn der Nutzer des Programms die Leertaste drückt, dreht er sich ein Stück nach rechts und wieder zurück nach links. Diese Eingaben heißen in Scratch **Startereignisse**. Du kannst in deinem Programm verschiedene Startereignisse verwenden, die jeweils einen anderen Ablauf in Gang setzen. Eine Möglichkeit, um einen solchen Ablauf zu planen, ist das Anfertigen eines ↗ **Struktogramms** (→ **Abb. 2**).

Größenwechsel
wiederhole 10 mal
wiederhole 10 mal
werde größer
wiederhole 10 mal
werde kleiner

2 Struktogramm zum Ablauf „Größenwechsel"

68

Wenn du für verschiedene Skripte einer Figur das gleiche Startereignis verwendest, werden diese parallel ausgeführt. Dabei kann es zu Störungen kommen.

Wiederholungen
Im Ablauf, der in **Abb. 2** dargestellt ist, werden Anweisungen wiederholt ausgeführt. Solche ↗ **Wiederholungen** kannst du auch in Scratch programmieren. Die dafür notwendigen Blöcke findest du im Blockbereich „Steuerung". Wenn wie in **Abb. 2** eine oder mehrere Wiederholungen in eine vorhandene Wiederholung eingefügt werden, nennt man das **Schachtelung**.

Abläufe koordinieren
Mithilfe von **Nachrichten** kannst du Handlungen von verschiedenen Figuren aufeinander abstimmen. Zum Beispiel kann der Donut am Ende eines Skripts eine Nachricht senden. Eine andere Figur kann diese Nachricht als Startereignis verwenden (→ **Abb. 3**).

3 Der Donut sendet ein Signal, das vom Taco empfangen und als Startereignis verwendet wird.

Merke
- Das Umsetzen eines Algorithmus in eine Programmiersprache nennt man Implementierung.
- Jedes Skript reagiert auf ein Startereignis.
- Man kann Wiederholungen auch ineinander schachteln (Schachtelung).

Aufgaben

1 Was ist der Unterschied zwischen einem Algorithmus und einem Programm? Erkläre!

2 a) Öffne Scratch und füge die Figuren aus **Abb. 1** ein. Wähle ein passendes Bühnenbild.
b) Programmiere für den Donut das Skript in **Abb. 1**. Was passiert, wenn du die Leertaste drückst?

3 Setze den Ablauf aus **Abb. 2** für den Donut um. Wähle dafür ein anderes Startereignis.

4 Programmiere für den Donut und den Taco die Skripte aus **Abb. 3**. Beschreibe in eigenen Worten, was passiert, wenn du die grüne Flagge anklickst.

5 a) Fügt eine dritte Figur ein und überlegt euch einen Ablauf, den die neue Figur ausführen soll. Zeichnet ein passendes Struktogramm.
M b) Implementiert den Ablauf in Scratch.

6 Wie geht man beim Programmieren in Scratch vor? Beschreibt dies mit den Begriffen im Wortspeicher.

Wortspeicher
- Figur
- Figurenleiste
- Blöcke
- Programmierbereich
- Bühne
- Startereignis

○2, 3 ◒1, 4 ●5, 6

69

Aufgaben, Symbole und Kästen

Aufgaben:

Partneraufgaben

Gruppenaufgaben

Klassenaufgaben

1 Aufgaben, bei denen du dich mit den wichtigsten Inhalten der Doppelseite beschäftigst

Symbole:

○ leicht

◒ mittel

● schwer

M M-Zug-Aufgaben

↗ Mit diesem Symbol sind Begriffe gekennzeichnet, die im Lexikon erklärt werden.

Kästen:

Kästen mit der Glühbirne geben dir wichtige Tipps.

Wortspeicher
- Operatoren
- Blockbereich
- Größer-als-Zeichen
- Kleiner-als-Zeichen
- Gleichheitszeichen

Im Wortspeicher findest du wichtige Fachbegriffe, die sich auf das jeweilige Thema der Doppelseite beziehen.

1 Digitaler Informationsaustausch 8

2 Datenverarbeitung 38

F5 im Internet: lädt die Internetseite neu
im Präsentationsprogramm: startet die Bildschirmpräsentation
F1 ruft meist die Hilfe-Funktion auf
Escape-Taste
Tab- oder Tabulator-Taste
Feststell-Taste
Alt-Taste
Leertaste
Strg-Taste oder Steuerung
Umschalt- oder Shift-Taste

Druck macht einen Screenshot vom gerade angezeigten Bildschirm, der dann in ein anderes Programm eingefügt werden kann

Einfügen schaltet zwischen zwei Möglichkeiten hin und her: bei der Eingabe werden entweder die Zeichen zwischen die vorhandenen Zeichen gesetzt oder die vorhandenen Zeichen überschrieben

Rücklöschtaste (oder Backspace) löscht das Zeichen links vom Cursor

Nummern schaltet den Zahlenblock ein und aus

Position 1 springt mit dem Cursor an den Anfang einer Zeile (z. B. eines Textverarbeitungsdokuments) oder an den Anfang einer Internetseite (im Browser)

Ende springt mit dem Cursor an das Ende einer Zeile (z. B. eines Textverarbeitungsdokuments) oder an das Ende einer Internetseite (im Browser)

Eingabe (oder Enter oder Return) bestätigt eine Eingabe

Entfernen löscht das Zeichen rechts vom Cursor oder markierte Textteile

1

Digitaler Informationsaustausch

Daten spielen eine wichtige Rolle in unserem Leben. Wir hinterlassen überall Datenspuren, unsere Daten werden gesammelt, verarbeitet und ausgewertet. Daten sind so wichtig, weil alle digitalen Informationssysteme, die uns umgeben und unseren Alltag erleichtern, nicht ohne die Eingabe von Daten arbeiten können. Doch welche Daten von mir werden erfasst und wozu? Muss ich mir darüber Gedanken machen und wie kann ich mich davor schützen? In diesem Kapitel erfährst du, wie das funktioniert.

Wusstest du, dass ...

- du jeden Tag circa 20.000 Entscheidungen treffen musst?
- es früher öffentlich ausliegende Bücher gab, in denen Name, Adresse und Telefonnummer standen?
- jede Minute 380 neue Webseiten entstehen?
- mittelfristig jeder zehnte Job durch die Digitalisierung überflüssig werden könnte?

Ich werde ...

- ... den Einfluss der Digitalisierung erkennen.
- ... den Aufbau von Lernplattformen kennenlernen.
- ... digitale Informationssysteme zur Entscheidungs- und Berufsfindung nutzen.
- ... verstehen, was Big Data so wertvoll macht.
- ... die Bedeutung von Datenschutz und Datenschutzbestimmungen erkennen.
- ... bewusst mit persönlichen Daten umgehen.
- ... verstehen, wie Unternehmen Daten sammeln.
- ... Daten verschlüsselt versenden.

Ein Leben mit digitalen Informationssystemen

1 Eine vernetzte digitale Welt

Digital Life

Egal ob zu Hause oder in Bus und Bahn, im Café oder bei Freunden: Die Menschen sind online. Dazu benötigen sie ↗ **digitale** Endgeräte wie Smartphones, Tablets oder PCs. Damit diese untereinander kommunizieren können, müssen sämtliche Informationen digital aufbereitet werden. Auch in Haushaltsgeräten sind Computer integriert, die bestimmte Programme ausführen.
Das neue, digitale Leben bietet eine gigantische Informationsflut und scheinbar unendliche, neue Möglichkeiten. Die ständige Nutzung der digitalen Dienste und die damit einhergehende ↗ **Digitalisierung** beeinflusst und erleichtert das Leben der Menschen in allen Bereichen.

Total vernetzt

Wie und wo wir leben, arbeiten, uns ernähren, fortbewegen oder lernen: In allen Lebensbereichen sind die Auswirkungen der Digitalisierung zu spüren. Sie bietet viele Herausforderungen. Neue Ideen und Technologien führen dazu, dass Menschen sich mittels ↗ **digitaler Informationssysteme** immer weiter vernetzen und permanent Unmengen von Daten austauschen – auch ohne sich dessen bewusst zu sein. Digitale Informationssysteme sind Kombinationen aus Mensch und Maschine, die computergestützt arbeiten. Sie erzeugen, verarbeiten, speichern und übertragen Daten. Ein Beispiel hierfür ist die ↗ **Lernplattform** *mebis* (→ **S. 12/13**). Mithilfe dieses Informationssystems können beispielsweise Unterrichtsmaterialien ausgetauscht und mit der Lehrkraft oder den Mitschülerinnen und Mitschülern kommuniziert werden.

Algorithmen denken für uns

Damit Computer all diese Daten verarbeiten können, benötigen sie bestimmte Programme und ↗ **Algorithmen**. Welche Webseite ist interessant für dich? Welche Versicherung passend? Sie helfen uns bei solchen Entscheidungen oder treffen diese unbemerkt im Hintergrund. Es ist daher wichtig, dass die Menschen von vornherein festlegen, welche Entscheidungen von ihnen selbst getroffen werden müssen und welche man den Algorithmen überlassen kann. Viele

Menschen sehen es als eine Erleichterung an, sich nicht mehr so viele Sachen merken oder selbst nicht mehr so viel entscheiden zu müssen.

Fragen und Risiken

Aber es gibt auch viele Unsicherheiten, Risiken und offene Fragen: Kann ich mein Leben in die Hände der digitalen Technik legen? Bin ich dort sicher? Was passiert mit meinen Daten und wer kann auf sie zugreifen? Die Menschen stehen diesen Veränderungen mit gemischten Gefühlen gegenüber.

Gleiche Digitalisierung für alle?

Der Zugang zu digitalen Inhalten gestaltet sich nicht für alle Menschen gleich. Privathaushalte und Schulen sind unterschiedlich gut ausgerüstet. Jüngeren Personen fällt der Umgang mit digitalen Endgeräten leichter als älteren. Andere wiederum leben in Ländern, in denen die Digitalisierung noch eine sehr kleine Rolle spielt.

Ohne geht es nicht

Mittlerweile ist die Digitalisierung allerdings so weit fortgeschritten, dass Menschen, die sich ihr verweigern oder keinen Internetzugang haben, benachteiligt oder von manchen Lebensbereichen ausgeschlossen werden. So war z. B. während der Corona-Pandemie im Jahr 2020/21 die Warn-App nur mit aktueller Hardware nutzbar und man benötigte eine E-Mail-Adresse, um sich online für einen Impftermin zu registrieren – ein großes Hindernis vor allem für ältere Bevölkerungsteile.

2 Barcodes – die optische Erkennung des Digitalzeitalters

Was bringt die Zukunft?

Keiner weiß, wohin uns die Digitalisierung führen wird und wie die möglichen Folgen sein werden. Neue Arbeitsplätze entstehen, andere verschwinden. Aber sie bietet den Menschen auch neue Möglichkeiten, sich in Echtzeit auszutauschen, zu vernetzen und zu informieren – auch über Ländergrenzen und große Distanzen hinweg.

Merke

- **Digitalisierung steht für die Erfassung, Verarbeitung und Auswertung von Informationen in eine Sprache, die Computer verstehen.**
- **Digitalisierung verändert die Welt, in der wir leben, ständig und unumkehrbar.**
- **Die Digitalisierung bringt Vor- und Nachteile mit sich.**

Aufgaben

1 a) Erstelle eine Liste der Vor- und Nachteile der Digitalisierung aus deiner Sicht.
b) Tauscht euch aus und vergleicht eure Ergebnisse.
c) Sammelt eure Resultate an der Tafel.
M d) Versuche, dich in eine andere Rolle zu versetzen und die Digitalisierung aus einem anderen Blickwinkel zu bewerten.

2 a) Notiere, wo dir im Alltag überall die Barcodes aus **Abb. 2** begegnen.
b) Überlege, welche Vorteile sie mit sich bringen.

3 In welchen Lebensbereichen ist die Digitalisierung schon stark fortgeschritten, in welchen kaum? Sammle deine Ideen.

4 Als im Jahre 2020 die Corona-Warn-App erschien, konnten nicht alle Menschen davon profitieren.
a) Warum war das so?
b) Welche Menschen waren besonders benachteiligt?

5 Wie weit darf Digitalisierung gehen? Welche Entscheidungen würdet ihr einem Computer überlassen, welche nicht? Begründet eure Meinung.

○1, 2 ◒3 ●4, 5

Lernplattformen kennenlernen

1 E-Learning in allen Bereichen

E-Learning für alle(s)

↗ **E-Learning** ist ein umfassender Begriff für sämtliche Formen des elektronisch gestützten bzw. digitalen Lernens. Was in Unternehmen schon seit Jahren ein weit verbreitetes Mittel zu Schulungs- und Weiterbildungszwecken der Mitarbeitenden ist, hat sich in unseren Schulen erst durch die Corona-Pandemie und den damit verbundenen Schulschließungen konsequent durchgesetzt.

Plötzlich digital

Die spontane Umstellung auf Distanzunterricht zwang Lehrkräfte und Schülerinnen und Schüler dazu, neue Wege des Unterrichts zu ergründen. Zunächst wurden Aufgaben und Arbeitsblätter per E-Mail versandt, ausgedruckt, eingescannt und zurückgeschickt. Doch dieses System gelangte schnell an seine Grenzen. Auf der Suche nach Alternativen zum Ersatz des Präsenzunterrichts griff man zunehmend auf verschiedene ↗ **Lernplattformen**, die häufig auch als Lernmanagement-Systeme (LMS) bezeichnet werden, zurück.

Was können Lernplattformen?

Beim E-Learning werden auf Lernplattformen, wie zum Beispiel *mebis* oder *moodle*, Lernvorgänge organisiert und Lernmaterialien angeboten. Der Funktionsumfang geht deutlich über die reine Bereitstellung von Informationen hinaus. Aufgaben können ausgeteilt, eingesammelt, korrigiert und benotet werden. Um einen Austausch zwischen den Lehrenden und Lernenden zu erlauben, sind meist Kommunikationsmöglichkeiten in Form von Foren oder Chats integriert.

Wie sind Lernplattformen aufgebaut?

Lernplattformen sind häufig ähnlich aufgebaut (→ **Abb. 2**), sodass du dich schnell zurechtfinden kannst. Nachdem du dich mit deinem Benutzernamen und Passwort erfolgreich auf der jeweiligen Lernplattform angemeldet hast, wirst du meist direkt zu einer Übersichtsseite geleitet. Diese wird häufig auch Desktop oder **Schreibtisch** genannt. Mittels einer **Navigationsleiste** am oberen oder linken Seitenrand kannst du einzelne Bereiche der Lernplattform direkt anwählen. In der **Kursübersicht** werden dir alle Kurse, die von der jeweiligen Lehrkraft für deine Lerngruppe erstellt wurden, angezeigt. Wenn du einen Kurs anklickst, kommst du direkt zu den fachspezifischen Inhalten.

Weitere Besonderheiten

Mithilfe der vielen verschiedenen Funktionen, die Lernplattformen bieten, können die Lerninhalte in den Kursen sehr abwechslungsreich gestaltet werden. So können Informationen beispielsweise **multimedial**, also mit unterschiedlichsten Medien dargeboten werden. Es sind Kombinationen von Texten, Bildern, Filmen, Diagrammen, Tabellen und **interaktiven Anwendungen** möglich. Aufgaben werden dir automatisch zugeteilt

die **Navigationsleiste**

die **Kommunikationsbuttons**

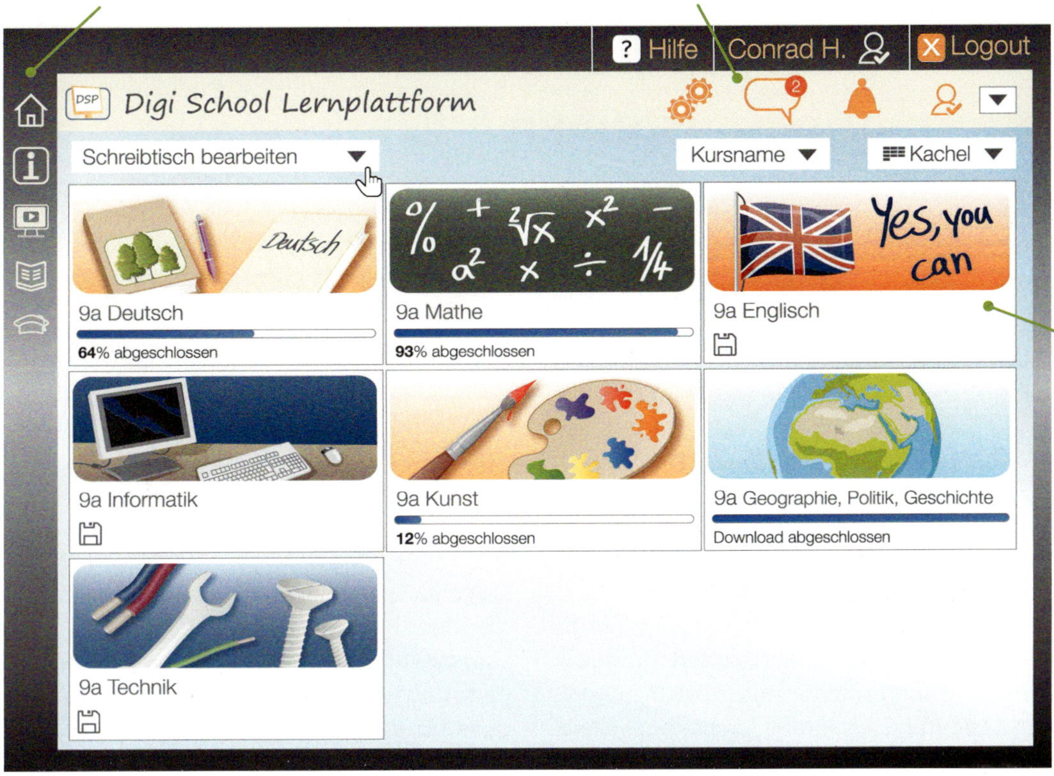

die **Kursübersicht**

2 Die Oberfläche einer Lernplattform

und du kannst sie nach Bearbeitung direkt am selben Ort wieder hochladen.
Kleine **Kommunikationsbuttons** am oberen oder seitlichen Rand erleichtern dir zudem die Navigation zu den Einstellungen, zu deinem Postfach oder zu Chatgruppen. Solltest du neue Nachrichten erhalten haben, wirst du nicht nur per E-Mail, sondern auch über kleine rote Punkte – ähnlich wie in einer Smartphone-App – darüber informiert.

Merke

- **E-Learning ist ein Sammelbegriff für alle Formen des elektronischen oder elektronisch unterstützten Lernens.**
- **Mithilfe von Lernplattformen kann E-Learning organisiert werden.**
- **In Lernplattformen können Inhalte multimedial dargeboten werden.**

Aufgaben

1 Berichte von deinen Erfahrungen mit Lernplattformen.
a) Notiere die Namen der dir bekannten Lernplattformen auf einem Blatt.
b) Vergleicht eure Ergebnisse. Welche Plattformen haben euch besonders gut gefallen? Begründet eure Meinung.
c) Stellt euch vor, ihr wärt ein/e Softwareentwickler/in und könntet über eine Lernplattform entscheiden. Was wäre euch besonders wichtig? Worauf könnte man verzichten?
Sammelt eure Ideen in einer Tabelle.

2 a) E-Learning sowie das gemeinsame digitale Arbeiten sind in der heutigen Schul- und Arbeitswelt immer wichtiger geworden. Zähle Vor- und Nachteile dieser Entwicklung auf.
b) Tauscht euch über eure Ergebnisse aus und ergänzt sie.
c) Stellt eure Ergebnisse in der Klasse vor und diskutiert gemeinsam.

○1 ◒2

Entscheidungen treffen mit Informationssystemen

1 Wohin führt mich mein Weg?

2 5 Sterne – automatisch ein gutes Produkt?

Entscheidungen bestimmen unser Leben

Verhaltensforscherinnen und -forscher haben herausgefunden, dass wir täglich mehr als 20 000 Entscheidungen treffen müssen. Viele von ihnen sind für unser Leben ziemlich bedeutungslos: Stehe ich auf oder bleibe ich noch liegen? Welche Schuhe ziehe ich heute an? Müsli oder Toastbrot? Busline 4 oder 5? Haupt- oder Nebeneingang? Von anderen hingegen hängt unser ganzes späteres Leben, unsere Karriere ab: Wiederhole ich die 8. Klasse oder nicht? Mache ich eine Ausbildung oder gehe ich weiter zur Schule? Erlerne ich den Beruf der Schreinerin bzw. des Schreiners oder der Fachinformatikerin bzw. des Fachinformatikers für Anwendungsentwicklung? Was passt besser zu mir?

Alles unter Kontrolle

Jeder Mensch möchte aus seinem Leben gerne das Bestmögliche machen und dabei so viel wie möglich unter Kontrolle haben. Daher informieren wir uns über Dinge, die uns interessieren. Wir recherchieren in Büchern, Zeitschriften oder – und mittlerweile hauptsächlich – im Internet.

Informiert oder überfordert?

Über nahezu jedes Thema existiert im Netz eine schier unbegrenzte Flut von digitalen Informationen. Kann diese Flut bei der **Entscheidungsfindung** weiterhelfen oder überfordert diese eher? Nach welchen Kriterien sollten wir überhaupt noch entscheiden?

Das Wissen der anderen

Da es für uns schlichtweg unmöglich ist, die Menge der vielen Informationen zu verarbeiten, suchen wir mittlerweile auch ganz unbewusst nach gewissen Anhaltspunkten, die uns „ein gutes Gefühl" geben. Viele Sterne (→ **Abb. 2**) und Likes, überwiegend positive Kommentare – das kann doch nicht schlecht sein. Die guten Bewertungen anderer Personen bekräftigen unsere Meinung. Aber Vorsicht: Viele der scheinbaren Bewertungen oder Likes anderer Userinnen und User oder Käuferinnen und Käufer sind nicht echt. Mit wenig Aufwand kann man solche **gefälschten Bewertungen** im Internet kaufen und in seinen Shop oder seinen Social-Media-Kanal integrieren.

Was erleichtert mir die Entscheidungsfindung?

Um möglichst unabhängig von der Meinung anderer unsere eigenen Entscheidungen zu treffen, können wir von digitalen Informationssystemen Unterstützung erhalten. Durch selbst vorgenommene **Filtereinstellungen** im Browser können wir uns von ihnen zum Beispiel für uns passende Informationen heraussuchen und unpassende verbergen lassen. Dadurch nehmen sie uns viel Arbeit ab.

Künstliche Intelligenz

Künstliche Intelligenz (↗ KI) geht über die reine Vorfilterung und Bereitstellung von Informationen hinaus. KI hat sich in den letzten Jahren enorm entwickelt und ist in vielen Unternehmen nicht mehr wegzudenken. Neueste Supercomputer simulieren das Verhalten von Märkten in Echtzeit und konstruieren eventuell auftretende Probleme, um sofort Lösungen parat zu haben. Durch den Einsatz von KI erkennen beispielsweise Roboter in Telefonhotlines Anrufende an ihrer Stimme wieder und weisen ihnen automatisch ihre zugehörige Ansprechperson zu. Oder es können unpassende oder beleidigende Kommentare in sozialen Netzwerken erkannt und gelöscht oder erst gar nicht veröffentlicht werden.

Automatisch ist nicht gleich intelligent

Ab wann kann man das Vorgehen eines Computers als „intelligent" bezeichnen? Optimierte Algorithmen allein reichen hierbei nicht aus. Nur weil ein Programm auf eine bestimmte Situation passend reagiert, ist es noch nicht intelligent.
Von KI spricht man erst dann, wenn das System dazu in der Lage ist, in vorhandenen Daten **selbstständig** neue Muster zu erkennen, seine eigenen Verhaltensweisen daran anzupassen und Abläufe selbstständig zu optimieren.

3 Fluch oder Segen?

Ausgangspunkt Mensch

Wie gut mir ein System dabei helfen kann, Entscheidungen zu treffen, hängt am Ende doch immer noch vom Menschen ab. Er muss selbst entscheiden, ob er die kalkulierten Entscheidungen annimmt oder ob er die Vorgaben der Algorithmen ignoriert. Dazu muss er nicht nur alle seine Daten richtig und gewissenhaft eingeben, sondern vor allem auch die Arbeitsweisen und Grenzen des Algorithmus verstehen. Dies kann ihm keine noch so schlaue KI abnehmen.

Merke

- **Es liegt in der Natur des Menschen, Kontrolle über sein Leben haben zu wollen.**
- **Menschen im Netz orientieren sich stark an der Meinung anderer.**
- **Um digitale Informationssysteme zur Entscheidungsfindung nutzen zu können, muss man verstehen, wie sie aufgebaut sind und funktionieren.**

Aufgaben

1 Du hast dir schon oft im Alltag von digitalen Informationssystemen bei der Entscheidungsfindung helfen lassen.
a) Überlege dir Situationen, in denen das der Fall war.
b) Vergleicht eure Ergebnisse miteinander. Wo findet ihr Gemeinsamkeiten und wo Unterschiede?

2 Diskutiert darüber, was **Abb. 3** aussagen soll.

3 Wenn wir Entscheidungen treffen, verlassen wir uns oft auf die Meinung anderer – gerade online. Doch sind diese Personen wirklich real oder verbergen sich dahinter vielleicht sogar Algorithmen? Zu welchem Ziel könnten sie eingesetzt worden sein?

4 Erkläre mit den Begriffen aus dem Wortspeicher, was nötig ist, um digitale Informationssysteme erfolgreich zur Entscheidungsfindung nutzen zu können.

Wortspeicher
- Algorithmen
- Informationsflut
- Entscheidungen
- Künstliche Intelligenz (KI)

○1, 2 ◒3, 4

Systeme zur Berufsfindung

1 Wo kann ich mich informieren?

Den passenden Beruf finden

Du hast dir schon viele Berufsbilder angeschaut, aber konntest dich noch nicht auf das Passende festlegen? Oder hast du bereits einen Ausbildungsplatz gefunden, der deinen Vorstellungen entspricht, und willst dich genauer informieren?

Wo kann ich mich informieren?

Die weit verbreiteten **Ausbildungsmessen** sind schon lange ein sehr guter Ort, um sich einen Überblick über das Ausbildungsplatzangebot zu verschaffen. Mittlerweile werden viele Messen aber auch digital im Internet abgehalten. Hier kannst du mit Mitarbeitenden von Betrieben aus deiner Region direkt in Kontakt treten, dich über Ausbildungsberufe informieren und den Experten und Expertinnen online Fragen stellen. Deren Tipps und Hinweise helfen dir bei deinem Berufswahlprozess.

Informationen des Arbeitgebers

Nahezu jede Firma stellt sich mittlerweile auch auf ihrer eigenen Webseite vor. Dort findet man oftmals auch Informationen zu den angebotenen Ausbildungsberufen und den nötigen Anforderungen.

Was bieten Systeme zur Berufsfindung?

Um sich ganz allgemein über die verschiedenen Ausbildungsberufe und deren Anforderungen informieren zu können, haben Arbeits- und Bildungsagenturen eigene, kostenfreie **Portale** wie zum Beispiel „BERUFENET“ oder „planet-beruf.de“ angelegt. Diese interaktiven, digitalen Systeme helfen dir bei der Berufsorientierung und -wahl.

2 Tauscht euch auch untereinander über eure Berufsvorstellungen aus!

Aufbau von Berufsportalen

Berufsportale bieten dir verschiedene Möglichkeiten, Informationen zu Berufen zu erhalten. Du kannst dir beispielsweise sämtliche Berufe alphabetisch oder nach Berufsfeldern sortiert anzeigen lassen. Wenn du dich bis zu einem bestimmten Beruf durchgeklickt hast, erhältst du schließlich Informationen zu den Tätigkeiten des Berufes, der Dauer der Ausbildung, dem Gehalt und vielem mehr. Verlinkungen leiten dich zu weiteren Webseiten, auf denen du Informationen rund um den Beruf findest, weiter. Wie du deine Suche startest, ist dir überlassen.

Interaktive Elemente

Ähnlich wie bei ↗ **Lernplattformen** (→ **S. 12/13**) findest du auch in Berufsportalen Elemente wie Fotos, Videos, Arbeitsblätter oder Selbsttests. Mit ihnen kannst du deine beruflichen Interessen interaktiv erkunden. Besonders umfangreich ist das Angebot der Bundesagentur für Arbeit, das dir in den folgenden Abschnitten kurz vorgestellt wird und du mithilfe der Methode auf **S. 18/19** genauer erkunden kannst.

Angebot der Bundesagentur für Arbeit

1. Das **„BERUFENET“** bietet dir vielfältige Informationen über alle anerkannten Ausbildungsberufe, schulische Ausbildungen und Weiterbildungen und zeigt dir aktuelle Voraussetzungen und Anforderungen aller in Deutschland zugelassenen Berufe an.

2. Eine Übersicht über alle Ausbildungsberufe findest du auch auf dem Portal „**planet-beruf.de**“. Einige Links leiten dich auf andere Angebote der „Agentur für Arbeit“ weiter, z. B. auf das im vorherigen Abschnitt vorgestellte „BERUFENET“ oder zu informativen Kurzfilmen über die jeweiligen Berufe.

Und sonst?

Außerdem unterstützt die Berufsberatung der Bundesagentur für Arbeit Jugendliche bei der Berufsfindung. Dieses Angebot kann etweder im Berufsinformationszentrum (**BiZ**) des zuständigen Arbeitsamtes oder bei Besuchen von Berufsberaterinnen und -beratern in der Schule wahrgenommen werden. Darüber hinaus gibt es zunehmend **lokale Plattformen**, die dir Ausbildungsplätze in deiner näheren Umgebung anzeigen. Damit du dich besser zurechtfindest, sind diese meist in alphabetischer Reihenfolge zusammen mit den Firmen, die sie anbieten, geordnet.
Da sich die Betriebe alle in deiner näheren Umgebung befinden, kannst du dich dort direkt um einen Praktiumsplatz bewerben und deinen zukünftigen Arbeitsplatz genauer kennenlernen.

Merke

- **In Berufsportalen kannst du Berufe und Berufsfelder mithilfe von interaktiven Elementen kennenlernen.**
- **Unter den verschiedenen Systemen zur Berufsfindung, die im Internet präsent sind, hat die Bundesagentur für Arbeit das umfangreichste Angebot.**
- **Auch Ausbildungsmessen, digitale Berufemärkte und lokale Plattformen zur Berufsfindung sowie das BiZ sind hilfreich.**

Aufgaben

1 Recherchiere im Internet nach lokalen Berufemärkten und Ausbildungsmessen in deiner Umgebung.

2 Überlege, wie du dich bestmöglich auf eine Berufsberatung vorbereiten kannst.
a) In welchen Bereichen benötigst du Hilfe?
b) Welche Unterstützung wäre hilfreich?
c) Überlege, welche Fragen du an die Berufsberatung stellen würdest. Formuliere sie auf einem Blatt.
Berücksichtige dabei:
- deine Stärken und Schwächen
- deine Interessen und Lieblingsfächer

d) Sammelt eure Fragen gemeinsam an der Tafel und ergänzt eure Notizen.

○ 1, 2a) ◒ 2b), 2c), 2d)

Berufsinformationen im Internet finden

1 Viele verschiedene Berufe

Suchmaschinen helfen bei manchen Suchanfragen wenig weiter: Wenn du aktuelle und vor allem unabhängige Informationen zur Berufsausbildung und zu Berufen suchst, gerätst du leicht auf die Fährte von Webseiten, die in Suchmaschinen zwar weit oben stehen, aber den offiziellen Seiten der Bundesagentur für Arbeit nur ähneln. Diese Seiten werden meist erstellt, um bei Suchanfragen als Treffer zu erscheinen. Sie bieten ansonsten jedoch zu wenige unabhängige Auskünfte.

1. Überblick verschaffen

Die beiden Internetportale „planet-beruf.de" und „BERUFENET" helfen dir dabei, die für dich passende Ausbildung zu finden und sichere Informationen darüber zu gewinnen. Wenn du die Internetadressen in deinem Browser direkt in die Adresszeile eingibst, ist es unwahrscheinlich, dass du eventuell auf ähnlich lautende Seiten gelangst.

2. Berufs- und Tätigkeitsfelder kennenlernen

Du möchtest vorab einen Überblick über die verschiedenen Berufs- und Tätigkeitsfelder erhalten? Im Portal „BERUFENET" findest du ausführliche Auflistungen der beiden Felder mit detaillierten Informationen und hilfreichen Suchoptionen.

3. Berufe und Praktika entdecken

Auf „planet-beruf.de" findest du viele Bereiche, die dich bei der Berufswahl unterstützen. Die Überschriften auf der Startseite helfen dir bei der Navigation. Du kannst mit einem Selbsttest herausfinden, was du gut kannst und was dir gefällt. Du kannst dich über Praktika und Ausbildungsplätze informieren oder lernen, welche Schritte du innerhalb eines Bewerbungsverfahrens beachten solltest. In einem speziellen Berufs-Bereich erhältst du überdies Informationen zu allen möglichen Ausbildungsberufen. Außerdem stehen dir Informationen darüber zur Verfügung, welche Optionen es für dich nach der Schule noch gibt.
Du kannst das Portal dafür nutzen, um Berufe nach deinen Vorlieben und Abneigungen zu entdecken.

4. Nähere Informationen zum Wunschberuf finden

Marc (→ **Abb. 2**) ist sich recht sicher, dass er Schreiner werden will. Er hat zwei Praktika in einer Schreinerei absolviert und hilft seitdem dort regelmäßig aus. Er würde gerne mit Holz arbeiten, weiß aber nicht, ob ihm der Verdienst als Geselle auf Dauer ausreichen würde. Daher durchstöbert er das Portal „BERUFENET" und sucht die benötigten Informationen heraus.

2 Marc blickt bei den ganzen Informationen nicht mehr durch. Können ihm die Berufsportale helfen?

Du kannst das Portal nutzen, um beispielsweise die Ausbildungsdauer, die Aufstiegs- und Weiterbildungsmöglichkeiten nach dem Berufsabschluss sowie Verdienstmöglichkeiten zu erhalten.

5. Alle Kanäle nutzen

Auch das Stöbern in dem Berufsinformationszentrum (BiZ), das von deinem Wohnort am einfachsten zu erreichen ist, ist lohnenswert. Du findest die Adressen z. B. nach Postleitzahlen sortiert auf der Seite der Arbeitsagentur. Auch Erfahrungsberichte von Verwandten und Bekannten können hilfreich sein.

1. Schritt: Überblick verschaffen
- Adressen der beiden Portale am besten direkt in die Adresszeile des Browsers eingeben.

↓

2. Schritt: Berufs- und Tätigkeitsfelder kennenlernen
- Durchstöbere im „BERUFENET" die ausführlichen Auflistungen der beiden Felder.

↓

3. Schritt: Berufe und Praktika entdecken
- Erkunde interessante Berufe oder Praktika, die deinen Vorlieben entsprechen, auf der Webseite „planet-beruf.de".

↓

4. Schritt: Nähere Informationen zum Wunschberuf finden
- Setze das „BERUFENET" z. B. zum Sammeln von Informationen zu Weiterbildungs- und Verdienstmöglichkeiten ein.

↓

5. Schritt: Alle Kanäle nutzen
- BiZ besuchen
- ältere Geschwister und Verwandte/Bekannte fragen

3 Die wichtigsten Schritte bei der Recherche nach Berufsinformationen

Aufgaben

1 Mache dich mit dem Aufbau der Berufsportale „BERUFENET" und „planet-beruf.de" vertraut.
a) Beschreibe, welche Möglichkeiten dir die Portale auf der Startseite bieten. Zu welchen Bereichen kannst du Informationen erhalten?
b) Wähle eines der Portale aus und erkunde einen Bereich deiner Wahl genauer.
c) Tauscht euch über eure Ergebnisse aus und stellt euch eure gewählten Bereiche gegenseitig vor.

2 Nutze das „BERUFENET", um folgende Informationen zum Beruf „Informatiker/-in" herauszufinden:
- Ausbildungsdauer
- benötigter Schulabschluss
- Alternativen zu dieser Ausbildung

a) Notiere dir die Informationen.
b) Beschreibe, wie du die Informationen gefunden hast.

3 a) Führe die Schritte 1–5 durch und konzentriere dich dabei auf deinen Wunschberuf.
b) Tauscht euch über eure gewonnenen Informationen aus.

4 a) Inwiefern konnten die Portale euch bei der Berufsfindung unterstützen? Bewertet den Aufbau und die Nützlichkeit der beiden Informationssysteme.
b) Besprecht eure Ergebnisse in der Klasse.

○1 ◒2, 3 ●4

Big Data

1 Was passiert im Internet in 60 Sekunden?

Was ist Big Data?

Die Menschheit ist heute sehr stark vernetzt. Durch den digitalen Austausch untereinander entstehen innerhalb kürzester Zeit riesige Datenberge. Diese riesigen Mengen, die tagtäglich produziert und von Unternehmen gezielt gespeichert bzw. gesammelt werden, nennt man **Big Data**. Zu ihrer Verarbeitung und Auswertung ist der Einsatz spezieller Technologien notwendig.

Big Data (engl.): große Daten (-mengen)

Arten von Big Data

Bei Big Data kann es sich um ganz unverfängliche Daten handeln, beispielsweise die der Klimaforschung oder der Optimierung von Produktionssprozessen.
Vor allem aber werden Daten über Menschen und ihr Verhalten gesammelt.

Wie genau entsteht Big Data?

Big Data entsteht durch unser zunehmend digitalisiertes Leben und wächst mit jedem Tastendruck, Klick, Swipe, Touch oder Sprachbefehl weiter. Aufgerufene Webseiten, navigierte Routen, bestellte Artikel, neue Freunde in sozialen Netzwerken oder gestreamte Filme lassen die Berge an Daten konstant und stetig ansteigen.

Swipe (engl.): der Wisch, eine wischende Handbewegung

Was passiert im Internet in 60 Sekunden?

Eine Minute vergeht sehr schnell, doch alleine in diesem knappen Zeitraum passiert im Internet unglaublich viel (→ **Abb. 1**): Es werden umgerechnet 1,6 Millionen US-Dollar online ausgegeben, 500 Stunden Videomaterial auf eine Plattform hochgeladen, 695.000 Stories in einem sozialen Netzwerk veröffentlicht und 69 Mio. Nachrichten über Messengerdienste verschickt. Die Zahl der Menschen mit Zugang zum Internet lag im Jahr 2020 schon bei über 4 Milliarden, steigt permanent an und wird durch den Ausbau der Mobilfunknetze (5G) weiter anwachsen.

Was macht man mit Big Data?

Große Mengen an Daten nur zu sammeln, macht keinen Sinn. Erst eine detaillierte **Auswertung** ist für die Forschung und vor allem für Unternehmen nutzbringend.
Bestimmte **Algorithmen** durchsuchen die Daten nach Zusammenhängen und Mustern. Wer z. B. beim Online-Shopping nach einem Tennisschläger sucht, bekommt auch Tennisbälle angezeigt. Vorherige Kundinnen und Kunden hatten so gehandelt, ein Verhaltensmuster wurde erkannt, gespeichert und der nächsten Kundin oder dem nächsten Kunden vorgeschlagen, um weitere Produkte verkaufen zu können.

Big Datas Brisanz

Bei der Auswertung **personenbezogener Daten** wird es allerdings brisant. Schon die reine Erfassung personenbezogener Daten kann gegen geltendes Recht verstoßen. Eine Weitergabe an Dritte oder eine Auswertung verstößt in vielen Ländern gegen die Persönlichkeitsrechte.
Diese Daten sind aber für den Staat im Bereich der Verbrechensbekämpfung von sehr großem Interesse. Könnte man in Zukunft vielleicht Personen, die Verbrechen begehen, nicht nur verfolgen, sondern anhand von bestimmtem Verhalten rechtzeitig erkennen? Und wenn ja, darf man die Person dann verhaften, bevor sie überhaupt straffällig geworden ist?

2 Big Data wird ständig produziert.

Was kostet Big Data?

Alle Vorteile und Chancen, die uns Big Data bietet, sind nicht umsonst. Wir bezahlen dafür mit unserer **Privatsphäre**. Unternehmen speichern und analysieren unsere Entscheidungen, sie wissen teilweise mehr über uns als unsere besten Freunde. Zudem besteht das Risiko, dass diese Daten in Hände von Hackern oder Cyberkiminellen gelangen und missbraucht werden.

Wie kann ich meine Daten schützen?

Nahezu alle gängigen Browser bieten einen „**Privaten Modus**" oder „**Inkognitomodus**" an. Ist dieser aktiviert, werden Informationen wie besuchte Webseiten oder Cookies nicht gespeichert und damit auch keine Spuren hinterlassen. Man bewegt sich also nicht nur anonym, sondern ist auch vor der kommerziellen Nutzung seiner persönlichen Daten geschützt. Auf den folgenden Seiten erfährst du mehr über das Thema Datenschutz.

der Hacker: Computerspezialist/in, der/die insbesondere Sicherheitsbarrieren überwinden und, meistens unerlaubt, in fremde Systeme eindringen kann

Merke

- **Big Data ist wertlos, solange die Daten nicht ausgewertet und genutzt werden.**
- **Persönlichkeitsrechte sollen personenbezogene Daten schützen.**
- **Der Preis für Big Data ist der Verlust der Privatsphäre.**

Aufgaben

1 a) Sammle Vor- und Nachteile von Big Data. Betrachte dabei den Sachverhalt aus verschiedenen Perspektiven (Privatperson, Unternehmen, Regierung usw.).
b) Besprecht euch untereinander und ergänzt eure Notizen.
c) Diskutiert gemeinsam über eure Erkenntnisse.

2 a) Erstelle eine Mindmap zu den Bereichen, in denen Big Data produziert wird. Nimm auch **Abb. 2** zu Hilfe.
b) Tauscht euch aus und ergänzt eure Mindmaps.
c) Sammelt in der Klasse weitere Bereiche, in denen Big Data entsteht.

3 M Angenommen die Polizei hat Zugang zu einer riesigen Datensammlung. Bei der Analyse der Daten ist sie auf einen jungen Mann aufmerksam geworden, der sich seit einigen Monaten auffällig verhält. Die Polizei hat den Verdacht, dass der Mann aufgrund seiner navigierten Routen, seiner besuchten Webseiten und einiger fragwürdiger Geldüberweisungen an kriminellen Geschäften beteiligt sein könnte. Bilder von Überwachungskameras verstärken den Verdacht.
Dürfte die Polizei den Mann auf Grundlage dieser Daten festnehmen, bevor er überhaupt straffällig geworden ist? Diskutiert diese Frage.

○1 ◒2 ●3

Datenschutz

1 Sei vorsichtig, wenn du nach deinen Daten gefragt wirst.

Warum ist Datenschutz wichtig?

Eva (→ **Abb. 1**) überlegt, ob sie ihre Daten preisgeben kann. Für sie ist eine Welt ohne Datenaustausch undenkbar. Egal, ob von Eva zu ihrer Freundin, vom Arzt zum Gesundheitsamt oder von Eva zu einem Onlineshop – ständig werden Daten hin- und hergetauscht. Dabei kann es auch zu Fehlern und Missbrauch kommen. Versehentlich könnten beispielsweise Kontodaten an falsche Empfänger geleitet oder veröffentlicht werden. Das Thema Datenschutz wird daher immer wichtiger für alle.

Was bedeutet eigentlich Datenschutz?

Datenschutz soll sicherstellen, dass beim Umgang mit bestimmten Daten niemand zu Schaden kommt. Er sorgt dafür, dass die Menschen bei der **Datenerfassung, -bearbeitung** und **-übermittlung** geschützt sind.

Belanglos oder schutzbedürftig?

Personenbezogene Daten sind Daten, mit denen eine Person eindeutig identifiziert werden kann. Aber nicht alle Daten, die Eva preisgegeben hat, sind automatisch schutzbedürftig. Ihr Lieblingsessen, ihre Haarfarbe oder ihre Hobbys sind relativ belanglose Daten. Schutzbedürftig hingegen sind sensible Informationen wie ihr ↗ **Klarname**, ihre Adresse, ihr Familienstand oder sachliche Angaben wie ihr Gehalt, ihr Arbeitgeber usw.

schutzbedürftig: Wenn Daten, Personen Gegenstände etc. vor fremdem Zugriff und/oder Angriffen geschützt werden müssen, sind sie schutzbedürftig.

Wie ist der Datenschutz entstanden?

Seitdem persönliche Daten digital erfasst werden, besteht auch ein Schutzbedarf. Damit wurde bereits in den 1960er-Jahren begonnen. Vor allem staatliche Unternehmen sammelten und verwalteten die stetig anwachsende Datenmenge ihrer Bürgerinnen und Bürger. Als klar wurde, dass der Umgang mit diesen Daten geregelt werden muss, begann man Ende der 1970er-Jahre damit, Regelungen zum Datenschutz zu schaffen, um Diebstahl und Missbrauch vorzubeugen.

Andere Länder, andere Sitten

Vor allem durch das Internet können Daten heute im Handumdrehen weltweit übermittelt werden. Allerdings haben nicht alle Länder ähnlich strenge **Datenschutzregeln** wie Europa, wo der Datenschutz gesetzlich durch die sogenannte **EU-DSGVO** (→ **S. 24/25**) europaweit geregelt wird. Schwierig wird es jedoch bei Unternehmen, die ihren Sitz außerhalb der EU haben. Anders als in Deutschland sind unsere Daten dort kaum vor Missbrauch geschützt.

Darf der Staat meine Daten nutzen?

Staatliche Institutionen wie Polizei oder Staatsanwaltschaft haben keinen freien Zugang zu personenbezogenen Daten, die durch Unternehmen erhoben wurden. Sie erhalten nur in besonderen Ausnahmen Zugriff darauf, z.B. wenn ein Verdacht auf eine schwere Straftat vorliegt. Die Nutzung der Daten muss vorab von einem Gericht genehmigt werden.

2 Personenüberwachung durch Gesichtserkennung

Pro und Contra Datenschutz

Der Schutz personenbezogener Daten ist wichtig, denn sie können leicht zur Unterdrückung und Kontrolle oder zu anderen kriminellen Zwecken eingesetzt und missbraucht werden. Durch das rasante Wachstum der technischen Entwicklung muss sich der Datenschutz ständig neu daran anpassen und ist dadurch immer etwas hinterher. Manche Leute behaupten deshalb, dass sich der Datenschutz negativ auf unsere Entwicklung auswirken würde, da er teuer ist und wirtschaftlichen Fortschritt sowie die Bekämpfung von Kriminalität bremst.

Ausblick

Eva wird sich wohl auch in Zukunft kaum einer Sammlung ihrer Daten entziehen können. Daher sollte sie sich aber stets vorab die Frage stellen, wem sie welche Daten übermittelt und wofür sie welche Daten preisgibt. Ihre Eigenverantwortung spielt beim Datenschutz eine zentrale Rolle.

Datenschutz ist nicht das gleiche wie Datensicherheit!
Unter Datensicherheit versteht man den Schutz vor Verlust oder Diebstahl von Daten.

Merke

- **Datenschutz soll die Menschen schützen, deren Daten erfasst, bearbeitet und übermittelt werden.**
- **Die Datenschutzregeln sind nicht in allen Ländern gleich streng.**
- **Man muss sich genau überlegen, wem man welche Daten preisgibt.**

Aufgaben

1 a) Welche Daten empfindest du als schutzbedürftig? Mache dir Notizen.
b) Tauscht euch untereinander aus: Seid ihr alle der gleichen Meinung?
c) Überlegt gemeinsam, wie ihr euch davor schützen könnt, schutzbedürftige Daten im Internet preiszugeben.

2 M **Abb. 2** zeigt wie ↗ biometrische Daten von Personen erfasst werden.
a) Welche Daten werden erfasst?
b) Welche Schlüsse könnte man aus den Daten bzw. deren Auswertung ziehen?

3 M a) Recherchiere, wie personenbezogene Daten in China zur Kontrolle der Bevölkerung eingesetzt werden.
b) Tauscht euch über eure Ergebnisse aus und nehmt Stellung zu dem in China angewandten System.

○ 1a), 1b) ◒ 1c) ● 2, 3

Datenschutzbestimmungen

1 Einfach zustimmen?

Nervige Fensterchen

Paul (→ **Abb. 1**) geht gerne Stand-Up-Paddeln. Im Internet recherchiert er nach geeigneten Gewässern in seiner Umgebung. Dabei besucht er verschiedene Webseiten. Jede Webseite muss über ein Impressum und eine **Datenschutzerklärung** verfügen, wenn sie personenbezogene Daten erhebt und auswertet. Die Erklärung informiert Nutzerinnen und Nutzer wie Paul ausführlich über die Art und Weise der Verarbeitung der Daten. Paul hat wenig Interesse an den Erklärungen. Er ist genervt und klickt einfach auf „OK".

das Impressum: Darin müssen Betreibende von Internetseiten angeben, wer für die Inhalte der Seite verantwortlich ist und wie sie kontaktiert werden können.

Liest das jemand?

Eine Studie hat ans Tageslicht gebracht, das es einem Großteil der Besucherinnen und Besucher genauso geht wie Paul. Sie haben kein Interesse an den Datenschutzbedingungen. 73 Prozent der deutschen Nutzerinnen und Nutzer lesen sie gar nicht erst. Sie halten sie für nutzlos und stimmen ihnen einfach nur schnellstmöglich zu, um die eigentliche Seite nutzen zu können. Den meisten von ihnen ist allerdings gar nicht klar, worin sie mit einem schnellen Klick auf „OK" einwilligen.

Das Recht auf Selbstbestimmung

Der „**Grundsatz der informationellen Selbstbestimmung**" besagt, dass jede Nutzerin und jeder Nutzer das Recht hat, selbst über die Verwendung ihrer oder seiner personenbezogenen Daten zu bestimmen. Paul kann also entscheiden, welche Daten von ihm zu welchem Zweck gesammelt, gespeichert, ausgewertet und weitergegeben werden. Lange Zeit gab es in der EU kein einheitliches Datenschutzrecht. Die Datenschutzbeauftragten hinkten den neuesten technischen Entwicklungen stets hinterher, da die Unternehmen immer wieder neue Wege fanden, Daten ihrer Besucherinnen und Besucher bzw. Kundinnen und Kunden ungefragt zu erfassen und auszuwerten.

Was ist die EU-DSGVO?

Dies änderte sich mit Einführung der **EU-Datenschutzgrundverordnung** (kurz: EU-DSGVO). Sie ist eine seit dem 25. Mai 2018 gültige Vorschrift, die innerhalb der ganzen EU gilt. Sie sorgt für eine europaweit einheitliche Regelung des Datenschutzrechts.

Was ist ihr Ziel?

Da vor dem 25. Mai 2018 unterschiedliche Datenschutzgesetze in der EU galten, sollte die EU-DSGVO zum einen das Datenschutzrecht vereinheitlichen. Verbraucherinnen und Verbraucher sowie Unternehmerinnen und Unternehmer können sich damit darauf verlassen, dass innerhalb der EU ein einheitliches Datenschutzrecht gilt. Zum anderen soll es den Nutzerinnen und Nutzern ↗ **Transparenz** über Datenerfassungsprozesse verschaffen und die Rechte an ihren Daten „zurückgeben". Durch eine Erhöhung der Bußgelder bei Verstößen sollen auch die Betreiber von großen sozialen Netzwerken und Cloud-Diensten aus dem Ausland gezwungen werden, sich an diese Regeln zu halten.

Für wen gilt sie?

Die EU-DSGVO betrifft alle Privatpersonen, Behörden und Unternehmen, die ihren Sitz in der EU haben oder Daten von Personen aus der EU erheben. In Bezug auf Unternehmen ist es egal, ob es sich um ein großes soziales Netzwerk oder um einen kleinen Webshop handelt. Die EU-DSGVO gilt für alle Unternehmen, die in irgendeiner Weise in der Europäischen Union tätig sind.

Die Datenschutzbedingungen informieren die Betroffenen ...	
... über den Erfasser der Daten:	**... über die erfassten Daten:**
• Wie lauten der Name und die Kontaktdaten des Seitenverantwortlichen? 	• Welche Daten werden aus welchem Grund erfasst? 
• Wie kann ich den entsprechenden Datenschutzbeauftragten erreichen? 	• Wie lange werden sie gespeichert? 
• Wer sind weitere, mögliche Empfänger der erfassten Daten? 	• Welche Rechte habe ich in Bezug auf meine Daten? §

3 Worum geht es in der DSGVO?

Inhalt der DSGVO

Durch die DSGVO werden Informationen über die- bzw. denjenigen offengelegt, die bzw. der die Internetpräsenz betreibt und die Daten erfasst. Zum anderen wird die Nutzerin oder der Nutzer darüber aufgeklärt, welche persönlichen Daten erfasst und möglicherweise weitergeleitet werden. Dies schafft Transparenz. Paul (→ **Abb. 1**) erhält also jederzeit Auskunft über seine Daten sowie Informationen darüber, an wen er sich wenden muss, wenn er seine Daten löschen lassen möchte.

Datenschutz in der Zukunft

Durch die Digitalisierung steigt die Menge der produzierten Daten pro Kopf stetig an. Auch zukünftig wird man sich einer Sammlung seiner Daten kaum entziehen können. Paul muss bewusst sein, wem er welche Daten wofür überlässt. Er ist im ersten Schritt allein verantwortlich für den Schutz und die Sicherheit seiner Daten. Und dieser erste Schritt erfolgt bereits mit dem ersten Klick.

Merke

- **Die EU-DSGVO sorgt für eine europaweit einheitliche Regelung des Datenschutzes.**
- **Sie sorgt für Transparenz und Kontrolle über personenbezogene Daten.**
- **Jeder Mensch ist zunächst selbst für die Sicherheit und den Schutz seiner Daten verantwortlich.**

Aufgaben

1 Diskutiert über die Problematik, dass man dazu verleitet wird, möglichst schnell den „OK-" (→ **Abb. 1**) bzw. „Akzeptieren-Button" zu klicken.

2 a) Untersuche die Datenschutzbestimmungen einer von dir gewählten Webseite. Welche Daten werden erhoben, gespeichert und weitergegeben? Notiere deine Ergebnisse im Heft.
b) Vergleicht eure Ergebnisse untereinander.

3 Überlegt gemeinsam:
M Warum wird bei der Nutzung von Cloud-Diensten besonders viel Wert darauf gelegt, dass die Serverstandorte in Deutschland liegen?

○1 ◒2 ●3

Botschaften in Daten

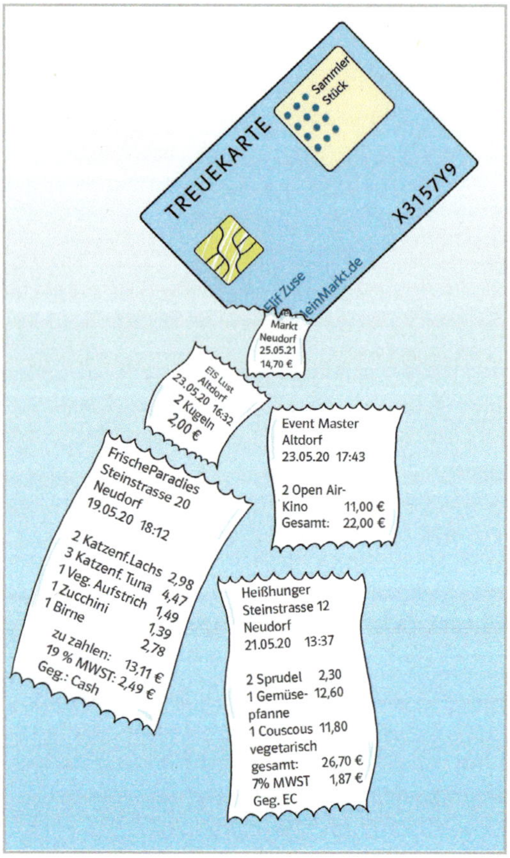

1 Die Botschaft einer Treuekarte

Datensammlungen

Beim Einkaufen mit der Kreditkarte, Shoppen im Internet, Nutzen von Streamingdiensten, Spielen am Rechner oder bei der Nutzung eines Smartphones gibst du **Daten** weiter. Das können deine Kontonummer, deine Lieferadresse, deine Bestellung oder deine Telefonnummer sein. Nach manchen Daten wirst du direkt gefragt (z. B. deinen Zugangsdaten), manche werden automatisch weitergeleitet (z. B. deine Lieferadresse). All diese Daten werden beim jeweiligen Onlinedienstanbieter gesammelt und können viel von dir erzählen.

der Onlinedienst: Angebot, das über das Internet zu nutzen ist (z. B. soziale Netzwerke, Chats, E-Mail, Internet-Shopping, …)

Die Treuekarte – ein Beispiel

Elif hat Conrad ihre Telefonnummer auf die Rückseite ihres alten Einkaufszettels geschrieben. Conrad schaut ihn sich genauer an (→ **Abb. 2**). Elif war gestern Nachmittag im Supermarkt in der Steinstraße einkaufen. Ob sie dort wohnt? Sie hat ein paar vegetarische Produkte und Katzenfutter eingekauft. Bestimmt hat sie eine Katze. Ob Elif vielleicht Vegetarierin ist?

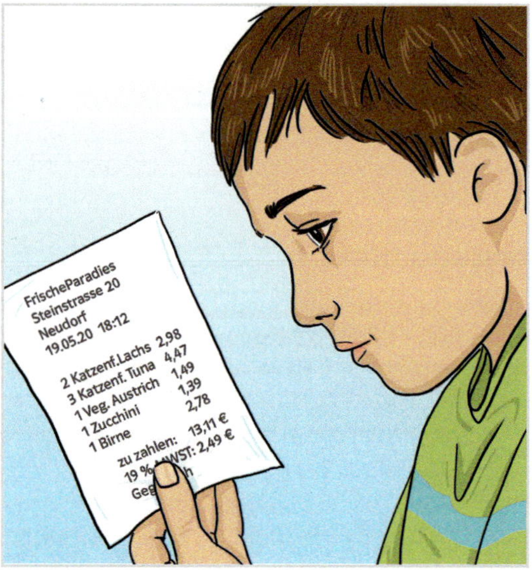

2 Elifs Kassenbon

Conrad hat ein paar Vermutungen über Elif. Da Elif bereits 16 Jahre alt ist, darf sie eine **Treuekarte** besitzen. Mit dieser Karte sammelt sie bei jedem Einkauf fleißig Bonuspunkte. Hätte Conrad die Daten dieser Treuekarte, würden einige seiner Vermutungen bestätigt werden. Wie du in **Abb. 1** sehen kannst, scheint Elif wirklich eine Katze zu haben. Aus den Daten der Treuekarte erfährst du auch, dass Elif am Samstagnachmittag in Altdorf war, dort ein Eis gegessen hat und anschließend mit einer weiteren Person ins OpenAir-Kino gegangen ist. Ob sie tatsächlich in der Steinstraße wohnt, ist unklar.

Datensammlungen bringen Geld

Datensammlungen wie Elifs Treuekarte, werden von Onlinedienstanbietern benutzt, um Geld zu verdienen. Wie das geht? Sie nutzen Algorithmen und Datenstrukturen, die sich deine „Suchanfragen“, Einkäufe, Playlisten etc. merken. Davon ausgehend erstellen sie und schicken dir **„personalisierte Werbung“**. Das ist Werbung, von der sie hoffen, dass sie dich interessiert und die dich inspirieren soll, mehr zu kaufen. Oder sie schicken dir Hinweise zu Webseiten, die dich interessieren. So können Firmen z.B. unser Kaufverhalten beeinflussen und verdienen mehr Geld.

die Datenstruktur: Hier werden Daten nach einer bestimmten Ordnung verwaltet und gespeichert (z.B. in Form einer Liste).

3 Conrad sucht ein Geburtstagsgeschenk für seinen Opa.

Werbung – auf dich zugeschnitten

Ein Beispiel: Conrad hat gestern mit Erlaubnis seiner Eltern auf der Internetseite des *AlTu-Shops* einen Fahrradhelm und eine Klingel bestellt. Heute möchte er nach einem Geburtstagsgeschenk für seinen Opa suchen (→ **Abb. 3**). Während seiner Recherche wird ihm in einer eingeblendeten Werbeanzeige eine tolle „Spezial-Luftpumpe“ angeboten. Diese will Conrad natürlich sofort haben und bestellt sie. Ein Geschenk für seinen Opa hat Conrad nicht, dafür hat der Onlinedienstanbieter eine Luftpumpe mehr verkauft.

Auch beim Stöbern in einem für dich neuen Onlineshop erhältst du Werbung für „ähnliche Artikel“. Nachteil: Du erfährst selten etwas über Artikel und Themen, die dir nicht vorher bereits bekannt waren.

Merke

- **Eine Datensammlung besteht aus allen Daten, die ein Onlinedienstanbieter über dich speichert.**
- **Daten erzählen viel über dich.**
- **Personalisierte Werbung passt genau zu deinen bisher gekauften Artikeln und Suchanfragen.**

Aufgaben

1 Überlege und notiere in deinem Heft:
a) Welche Onlinedienste kennst du?
b) Welche Onlinedienste nutzt du?

2 Schreibe auf, bei welchen Onlinediensten du in den letzten zwei Tagen welche Daten von dir angegeben hast.

3 Bei der Nutzung von Onlinediensten entstehen Spuren. Diese werden oft gespeichert und ausgewertet, um beispielsweise personalisierte Werbung zu erstellen.
a) Recherchiere, wie sich solche Spuren vermeiden lassen.
b) Sammelt eure Ergebnisse in einer Mindmap.

4 Diskutiert in der Klasse: Bringt „personalisierte Werbung“ eher Vor- oder Nachteile mit sich?

○1, 2 ◒3 ●4

Datenspuren im Internet

1 „Datenkrake“

die Tochterfirma: Firma, die durch konzerntypische Beziehungen mit einem anderen Unternehmen verbunden ist und unter dessen Leitung steht.

Spuren hinterlassen

Auch du hinterlässt Spuren im Internet, teilweise ohne es zu wissen. Du hast bereits erfahren, wie Onlinedienstanbieter **Datensammlungen** anlegen, um dir personalisierte Werbung zukommen zu lassen (→ **S. 26/27**). Dabei nutzen sie Algorithmen und Datenstrukturen, die sich aufgrund der von dir aufgerufenen Artikel, eingegebenen Suchbegriffe usw. merken, was dir gefällt, um dir dann auf diese Weise entsprechende Werbeanzeigen einzublenden.

Ein Tagebuch über mich?

So wie der *AlTu-Shop* Conrads Datenspuren sammelt (→ **S. 27**), machen es fast alle Onlinedienstanbieter. Letztlich erhoffen sie sich dadurch, besser auf Kundenwünsche eingehen zu können und mehr Geld zu verdienen. Noch besser wäre es, wenn der *AlTu-Shop* auch wüsste, dass Conrad regelmäßig bei *TBL-Song* die neuesten Songs der Gruppe *Alpha* anhört. Vielleicht würde ihn auch das neue Album interessieren?

Dafür sind „Datenkraken“ (→ **Abb. 1**) zuständig. Als Datenkrake werden Firmen bezeichnet, die z. B. durch gute Verbindungen zu anderen Firmen (= lange Krakenarme) viele unterschiedliche Datensammlungen anschauen können.

Ein Netzwerk von Unternehmen

Elif ist bei den Onlinediensten *ElCo-Friends*, *AlTu-Shop* und *AdLo-Pay* angemeldet. *ElCo-Friends* und *AdLo-Pay* arbeiten eng zusammen und *AlTu-Shop* ist eine Tochterfirma von *AdLo-Pay*. Alle haben sie Datensammlungen und Elif hat zu Beginn überall der Nutzung und Weitergabe ihrer Daten zugestimmt.

Achte darauf, dass du bei Datenschutzformularen nicht der Weitergabe deiner Daten an Dritte (also andere Firmen) zustimmst!

Die Datenkrake, hier der *AlTu-Shop*, kann nun durch die Datensammlungen der Onlinedienste und mithilfe spezieller Algorithmen folgende Daten zusammenstellen. Sie lesen sich fast wie ein Tagebuch (→ **S. Abb. 2**):

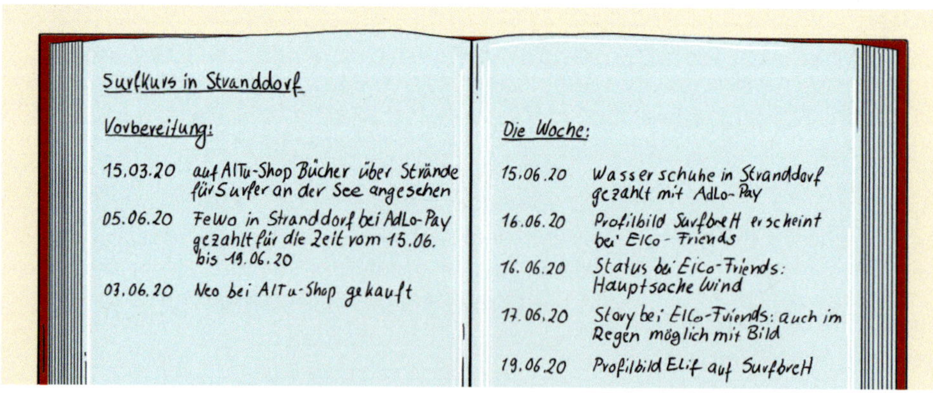

2 Elifs Tagebuch – von einer „Datenkrake“ zusammengestellt

Der Einfluss von Datenkraken

Es gibt Firmen, die sich auf diese Art der „Tagebucherstellung“ spezialisiert haben und ihre Tagebücher an Onlineanbieter verkaufen. Onlineshops wissen, was viele ihrer Kundinnen und Kunden gerne kaufen, Treuekartenfirmen wissen, wo ihre Kundinnen und Kunden gerne Essen gehen usw. Dadurch passen die Shops und Firmen ihr Warenangebot an bzw. nehmen entsprechende Restaurants in ihr Bonusprogramm auf.
Letztlich ist das positiv für die Kundinnen und Kunden, da sie dadurch umfassender und detaillierter informiert werden und auf diese Weise interessante Zusatzangebote bekommen.

Leider entspricht dadurch das Angebot aber auch immer mehr dem „Mainstream“ und wird einseitig.
Beispielsweise werden unbekanntere Bücher nicht mehr angeboten, dadurch nicht mehr gekauft und letztendlich nicht mehr gedruckt. Noch deutlicher ist dies bei den Restaurants. Gehen immer mehr Personen zu den Restaurants, die im Bonusprogramm enthalten sind (das sind häufig größere Restaurant-Ketten), haben die kleineren Restaurants immer weniger Kundinnen und Kunden.
Diese negativen Folgen der personalisierten Werbung solltest du dir ebenfalls bewusst machen.

der Mainstream (engl.): Hauptstrom bzw. Massengeschmack

Merke

- **Datenkraken sind Firmen, die zu vielen verschiedenen Datensammlungen Zugang haben.**
- **Datenkraken erstellen „Tagebücher“ und verkaufen sie.**
- **Datenkraken beeinflussen u.a. das Warenangebot.**

Aufgaben

1 Betrachte die Datensammlungen auf der rechten Seite. Was hat Peter in seiner ersten Ferienwoche gemacht?
a) In welchen Orten war er? Erstelle eine chronologische Liste.
b) Womit war er unterwegs? Analysiere die Datensammlungen.
c) Was ist am 15.06.2020 passiert?

2 a) Recherchiere im Internet, für was die „BigBrother-Awards“ verliehen werden.
b) Wie werden sie auch genannt?
c) Recherchiere: Was hat Barbie mit dem Award zu tun?
d) Auch EEG-Stirnbänder und ein US-amerikanischer Hersteller von Elektroautos haben einen Preis bekommen. Recherchiere, wofür.

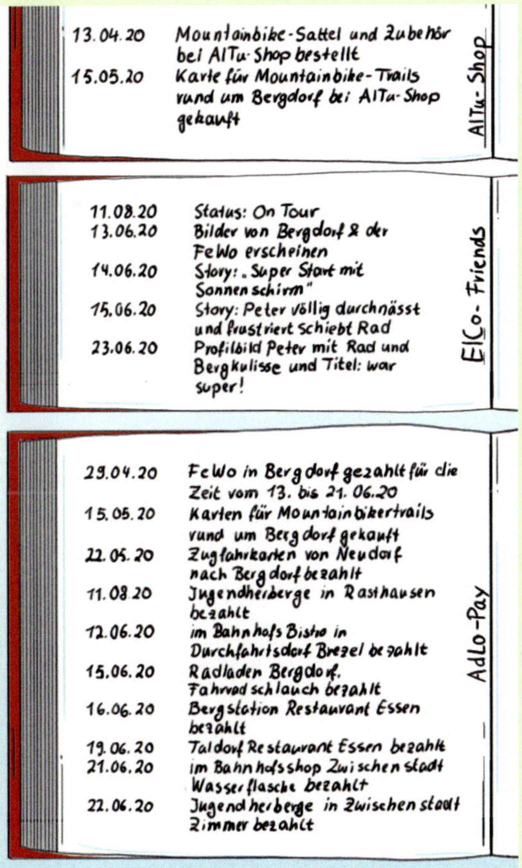

Daten brauchen Schutz

1 Datendieb beim Einkaufen

Vorsicht vor Datendieben

Beim Umgang mit ↗ **Informatiksystemen** gibst du täglich Daten von dir weiter. Dadurch können deine Daten auch in „falsche Hände“ geraten. Damit es dazu nicht kommt, musst du beim Einkaufen im Onlineshop oder auch beim Herunterladen der neuesten Musikstücke oder Spiele-Apps deinen Benutzernamen und dein Passwort eingeben. Je sicherer das Passwort, desto schwieriger ist es für Diebe, auf „deine Rechnung“ einzukaufen. Doch so leicht geben **Datendiebe** nicht auf: Sie versuchen es z. B. mit falschen E-Mails, die dich nach deinen Anmeldedaten fragen oder über falsche Webseiten, bei denen du einen Account anlegen kannst. Das nennt man „Phishing“.

das Phishing: Verfremdung des engl. „fishing“ → illegale Beschaffung persönlicher Daten

Phishing-Mails

Phishing-Mails sind nicht immer so leicht zu erkennen. Bei einer E-Mail, die viele Rechtschreib- und Grammatikfehler oder Aufforderungen zur Eingabe von Passwörtern enthält, solltest du immer skeptisch sein. Auch bei der Absenderadresse lohnt es sich, genau hinzuschauen. Manchmal kannst du daran bereits erkennen, dass die E-Mail nicht von dem Absender stammt, der im Nachrichtentext genannt wird.

2 Conrad im Spielechat

Gefälschte Webseiten

Ähnlich ist es auch bei Webseiten. Persönliche Daten solltest du nur auf vertrauenswürdigen und verschlüsselten Webseiten angeben. Sprachliche Fehler, massive Werbeeinblendungen oder auch ein fehlendes Impressum sind Warnsignale dafür, dass es sich um eine unseriöse Seite handelt, der du wenig vertrauen solltest. Eine verschlüsselte Webseite erkennst du an dem „s“ am Ende des Kürzels „**https**“.

Wer ist die Person im Chat?

Conrad spielt gerne mit seinen Freunden über die Plattform *JoNe-Play*. Dort tauschen sie im Chat neue Tricks und Strategien aus. Vor Kurzem hat er mit einem neuen talentierten Spieler zusammen gespielt und gewonnen. Danach haben sie noch gechattet. Der Neue fragte ihn nach einem Foto von sich, wann er Geburtstag habe und nach seiner Adresse. Vielleicht treffen sie sich mal. Conrad überlegt, welche Informationen er weitergeben soll und spricht mit seinen Eltern darüber. Sie raten ihm, seine Daten nicht preiszugeben, da er nicht weiß, wer sich wirklich hinter dem Spieler aus dem Chat verbirgt.

Posten hat Folgen

Elif betritt den Surfclub. Es ist das zweite Mal, dass sie hier ist. Irgendwas ist komisch, kaum einer sagt „Hallo“, stattdessen kichern einige hinter ihrem Rücken. Erst als sie ein paar Gesprächsfetzen aufschnappt und einen Blick auf den Smartphonebildschirm erhascht, beginnt Elif zu verstehen. Die Gruppe schaut sich ihr Video vom Wettsurfen im letzten Sommerurlaub an. Elif hatte sich umgeschaut und war ins Wasser gefallen – peinlich! Das Wettsurfen hatte sie am Ende dank einer super Windböe noch gewonnen, leider war der Teil nicht mehr im Video zu sehen. Trotzdem erinnert sie sich gerne daran und hat das Video in ihren *Highlights* in dem sozialen Netzwerk *ElCo-Friends* gespeichert – für alle sichtbar. Fieberhaft überlegt Elif, was die anderen noch alles von ihr gesehen haben könnten, wenn sie ihr seit der letzten Woche „virtuell gefolgt“ sind.

Schutzziele zur Informationssicherheit

Damit du Informatiksysteme sicher nutzen kannst, sind sogenannte „Schutzziele zur Informationssicherheit“ formuliert worden. Dies sind die Wichtigsten:

Vertraulichkeit: Deine Daten sollen nur von dem gesehen werden können, für den sie bestimmt sind.

Integrität: Deine Daten sollen nicht verändert werden können, ohne dass du es merkst.

Verfügbarkeit: Die Systeme, auf denen Teile deiner Daten gespeichert sind, sollten jederzeit zur Verfügung stehen.

Ein Posting oder Post (von engl. to post – schicken) ist ein einzelner Beitrag auf einer Social-Media-Plattform.

die Integrität: (von lat. integritas) unbeschädigt, heil

Achte darauf, wer deine Social-Media-Posts im Internet sehen kann. Mit den richtigen Einstellungen trägst du auch selbst zum Schutz deiner eigenen Daten bei.

Merke

- **Achte auf mögliche Tricks von Datendieben, bevor du persönliche Daten von dir preisgibst.**
- **Phishing-Mails und gefälschte Webseiten lassen sich häufig an bestimmten Merkmalen erkennen.**
- **Überlege gut, welche vertrauten Personen deine Social-Media-Posts sehen dürfen.**

Aufgaben

1 Bearbeite diese Aufgabe gemeinsam mit einer Person, über die du wenig weißt.
a) Schreibt alles auf, was ihr über eure Partnerin bzw. euren Partner wisst.
b) Nutzt die Daten aus Teilaufgabe **a)** und recherchiert im Internet nach weiteren Informationen über eure Partnerin bzw. euren Partner.
c) Erstellt mit diesen Daten einen Steckbrief über eure Partnerin bzw. euren Partner.
d) Vergleicht eure Ergebnisse

2 a) Nenne Merkmale, anhand derer du eine Phishing-Mail entlarven kannst.
b) Beschreibe, wie man eine echte Webseite von einer gefälschten unterscheiden kann.

3 Recherchiere im Internet, ob du bei einer Social-Media-Plattform deiner Wahl Einfluss auf folgende Einstellungen hast:
a) **Blockieren** von bestimmten Personen oder Gruppen,
b) **Filtern** von Kommentaren zu deinen Posts und
c) **Kontrolle** darüber, mit wem du was teilst.
d) Vergleicht und diskutiert die Möglichkeiten der unterschiedlichen Social-Media-Plattformen.

Daten verschlüsseln und verschicken

1 Vertrauliche Daten sollten verschlüsselt versendet werden.

Personenbezogene Daten brauchen Schutz

Heutzutage wird ein Großteil privater Daten im Handumdrehen und blitzschnell über das Internet ausgetauscht. Für unseren Alltag bedeutet dies eine große Erleichterung, weil wir uns dadurch Behördengänge, Ausdrucke, Briefversand und vor allem auch viel Zeit sparen können. Doch bei vielen dieser ausgetauschten Daten handelt es sich um personenbezogene Daten (→ **S. 22/23**), die besonders schützenswert sind.
Häufig enthalten zum Beispiel Zeugnisse, Lebensläufe oder Bankdokumente zahlreiche dieser sensiblen Daten.

Wie kann ich meine Daten schützen?

Das beste Mittel, um vertrauliche Dateien (z. B. Bewerbungsunterlagen) digital zu schützen, ist eine **Verschlüsselung**. Sie sorgt dafür, dass Inhalte von Daten von unbeteiligten Personen, die sie zufällig in die Hände bekommen, nicht erfasst werden können.

Was passiert bei der Verschlüsselung?

Bei der Verschlüsselung werden die betroffenen Daten von dem lesbaren „Klartext“ in einen sogenannten **Chiffretext**, eine Art „Geheimtext“, umgewandelt, der von einer dritten Person nicht gelesen werden kann. Diese Umwandlung ist nicht nur auf Textdateien beschränkt, sondern lässt sich auf alle Arten von Daten wie Bilder, Videos, Tondateien, Quellcodes von Computerprogrammen und vieles mehr anwenden.

Welche Rolle spielt die Dateigröße?

Geht es nur um das Verschlüsseln einer Datei, ist deren Größe egal. Will man verschlüsselte Dateien per E-Mail versenden, muss man auf die Dateigröße achten. Da E-Mail-Provider unterschiedliche Limits für das Versenden und Empfangen von Dateianhängen festlegen, sollte die Dateigröße 10 Megabyte (MB) nicht überschreiten. Einerseits, weil das Hoch- und Herunterladen der Dateien eine gewisse Zeit beansprucht, andererseits, weil die Postfächer der Empfänger meist auch nur eine begrenzte Kapazität haben. Es ist daher sinnvoll, die Dateien nicht nur zu verschlüsseln, sondern auch zu komprimieren, wodurch die Dateigröße verringert wird. Beim Entpacken von verschlüsselten, komprimierten Daten wird der Geheimtext wieder in seine ursprüngliche Klartextform zurückgewandelt und die Originalgröße der Datei wiederhergestellt.

komprimieren (von lat. comprimere): zusammendrücken, zusammenpressen, verdichten

Wie gehe ich vor?

Um unter Windows eine Datei oder einen Ordner mit mehreren Dateien zu komprimieren und zu verschlüsseln, wählt man diesen mit einem Rechtsklick aus. Im nun erscheinenden Kontextmenü klickt man auf die Anwendung „7-Zip“ (→ **Abb. 2**). Nun öffnet sich rechts ein weiteres Fenster, in dem man „Zu einem Archiv hinzufügen“ auswählt (→ **Abb. 2**).

Hinweis: Das Programm 7-Zip ist nicht vorinstalliert. Um es nutzen zu können, lade es dir von der Firmenwebseite herunter.

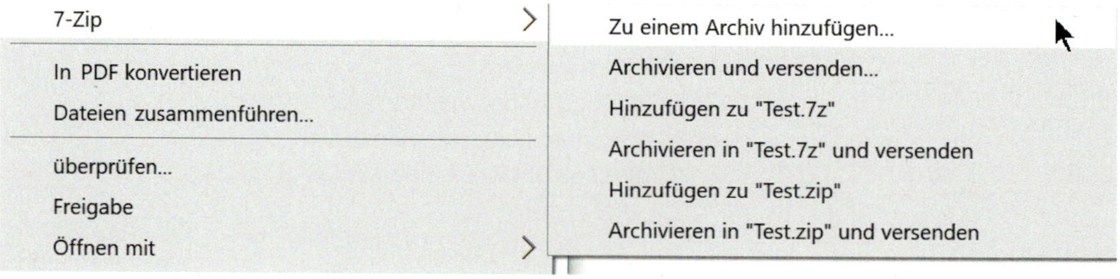

2 Kontextmenü

1. Schritt:
Klicke mit der rechten Maustaste auf den Ordner oder die Datei.

↓

2. Schritt:
Wähle im Kontextmenu „7-Zip“ aus.

↓

3. Schritt:
Dann im Fenster rechts „Zu einem Archiv hinzufügen…“ auswählen.

↓

4. Schritt:
Lege nun die Verschlüsselung, das Dateiformat und das Passwort fest.

↓

5. Schritt:
Klicke auf „OK“, um die verschlüsselte und komprimierte Datei zu erstellen.

↓

6. Schritt:
Versende nun die Datei sicher als E-Mail-Anhang.

3 Eine Datei verpacken (in sechs Schritten)

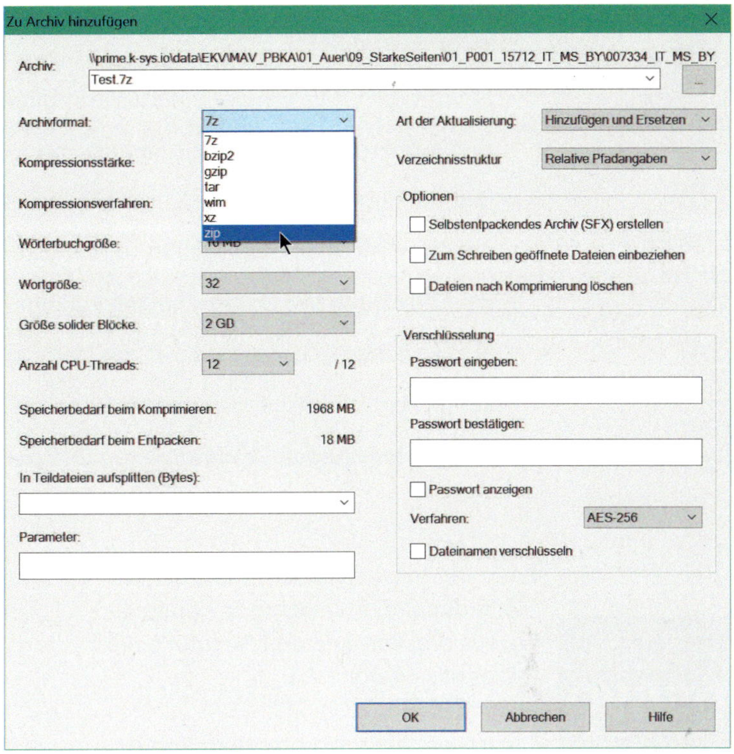

4 Menüfenster von 7-Zip

Für andere Betriebssysteme wie Linux oder MacOS sind ebenfalls Softwarelösungen zum Komprimieren und Verschlüsseln von Dateien und Ordnern erhältlich, die allerdings kostenpflichtig sein können.

Über das danach erscheinende Menüfenster (→ **Abb. 4**) hast du die Möglichkeit, die Art der Verschlüsselung, das Archivformat, das Passwort uvm. festzulegen. Achte darauf, das Passwort geschützt zu übermitteln und nicht mit in den Text der E-Mail zu schreiben. Das Archivformat „zip“ ist das derzeit gängigste, welches auch mit anderen Betriebssystemen wie MacOS oder Linux genutzt werden kann. Mit einem Klick auf „OK“ wird die Datei bzw. der Ordner komprimiert und gespeichert und steht zum Versand bereit.

Aufgaben

1 a) Verschlüssele eine Datei (z.B. ein Foto, eine Präsentation oder ein Referat) mit 7-Zip.
b) Sendet euch gegenseitig die Datei per E-Mail zu und öffnet diese. Hat alles geklappt oder sind Probleme aufgetreten?
c) Versuche nun, eine besonders große Datei (>50 MB) zu verschlüsseln und zu versenden. Beschreibe deine Erfahrungen.

2 Komprimiere nun einen Ordner mit mehreren Dateien. Vergleiche die Größe des Ordners vor und nach der Kompression.
a) Beschreibe, wie sich die Dateigröße verändert hat.
b) Versuche mit veränderten Einstellungen in Schritt 4, die Dateigröße weiter zu reduzieren. Was stellst du fest?

3 a) Recherchiert nach alternativen Komprimierungsprogrammen (auch für andere Betriebssysteme) und stellt sie euch gegenseitig vor.
b) Vergleicht und bewertet die Programme in Bezug auf ihre Nutzerfreundlichkeit: Wie kommt ihr mit den Programmen zurecht?

○ 1a), 1b) ◐ 1c), 2a), 3a) ● 2b), 3b)

Ich kann jetzt ...

- beschreiben, wie sich die Digitalisierung auf mich und meine Umwelt auswirkt.
- den Aufbau von Lernplattformen beschreiben.
- digitale Informationssysteme zur Entscheidungs- und Berufsfindung nutzen.
- erklären, wie Big Data entsteht und inwiefern eine Datensammlung wertvoll sein kann.
- die Bedeutung des Datenschutzes und der Datenschutzbedingungen erläutern.
- das Vorgehen und den Einfluss von Datenkraken darstellen.
- kompetent und sicher mit persönlichen Daten umgehen.
- Daten verschlüsseln, komprimieren und per E-Mail versenden.

1 Die DSGVO ist innerhalb der gesamten EU gültig.

1 Die Digitalisierung verändert die Welt ständig und unumkehrbar. Nenne jeweils drei Vor- und drei Nachteile der Digitalisierung.

2 Was verstehst du unter dem Begriff „E-Learning?" Definiere!

3 Menschen sind bei Internetrecherchen und beim Online-Shopping von der Informationsflut meist überfordert.
a) Erkläre, wozu das führen kann.
b) Erläutere, wie du dich bestmöglich auf eine Internetrecherche oder einen Kauf im Internet vorbereiten kannst.

4
a) Welche digitalen Systeme zur Berufsfindung kennst du? Notiere.
b) Erläutere, wie du dich auch ohne Internet über Berufe informieren kannst.

5 Stelle dir vor, du hättest unbegrenzten Zugriff auf alle Daten, die von den Einwohnern deines Ortes produziert werden. Erkläre, wie man damit Geld verdienen könnte.

6 Datenschutz und Datensicherheit ist nicht das Gleiche. Wähle jeweils die richtige Ergänzung zum Satzanfang und schreibe die Sätze vollständig auf.

(1) Unter Datensicherheit versteht man...
- ... das Abspeichern von persönlichen Daten
- ... den Schutz vor Diebstahl oder Verlust von Daten.

(2) Datenschutz soll sicherstellen, ...
- ... dass beim Umgang mit bestimmten Daten niemand geschädigt wird.
- ... dass Daten nicht aus Versehen gelöscht oder gestohlen werden.

7
a) Nenne, wofür die Abkürzung EU-DSGVO steht.
b) Beschreibe, welche Informationen in den Datenschutzbedingungen einer Webseite enthalten sein müssen.
c) Erkläre, welche Vorteile sich durch die EU-DSGVO für Verbraucherinnen und Verbraucher und Unternehmen ergeben.

8 Welche Maßnahmen sind sinnvoll, um deine Daten zu schützen und zu sichern? Nimm Stellung zu den folgenden Aussagen.
a) Wenn ich offline gehe, schließe ich immer alle offenen Fenster meines Browsers.
b) Ich surfe im privaten Modus bzw. Inkognito-Modus, dann ist alles was ich tue komplett geheim.
c) Ich mache regelmäßig Sicherheitsupdates für meinen Computer.

d) Ich habe mir ein besonders sicheres und langes Passwort aus vielen Zeichen, Buchstaben und Zahlen ausgedacht, da kommt nie einer drauf. Das kann ich überall verwenden.
e) Als ich mir vor fünf Jahren meinen Computer gekauft habe, war bereits ein Virusprogramm installiert. Das funktioniert immer noch super, ich habe noch kein Update benötigt und hatte noch nie einen Virus.
f) Um meine Daten vor einem Computercrash zu schützen, mache ich regelmäßig Backups auf einer externen Festplatte.
g) Bei E-Mails von unbekannten Absendern klicke ich nie auf Links und öffne keine angehängten Dateien.
h) In sozialen Netzwerken benutze ich keine Spitznamen. Wie sollen mich denn meine Freunde sonst finden?
i) Ich habe nur eine E-Mail-Adresse, sonst verliere ich den Überblick.

9

a) Erkläre, was in **Abb. 2** dargestellt wird.
b) Beschreibe, wie sich die Krake z. B. auf das Warenangebot von Online-Kaufhäusern auswirken kann.

2 Alle Daten im Griff!?

Informationsaustausch

Digitale Informationssysteme
- Digital Life
- Algorithmen
- Entscheidungsfindung
- künstliche Intelligenz (KI)

Lernplattformen
- E-Learning
- Schreibtisch, Navigationsleiste, Kursübersicht, Kommunikationsbuttons
- Multimedialität und Interaktivität

Systeme zur Berufsfindung
- Berufsinformationsrecherche
- planet-beruf.de, BERUFENET
- Stärken/Schwächen entdecken

Big Data
- Datenberge
- Nutzen für Unternehmen
- eingeschränkte Privatsphäre

Datenschutz
- Datenschutzregeln
- Schutzbedürftigkeit

Datenschutzbestimmungen
- Recht auf Selbstbestimmung
- EU-DSGVO
- Eigenverantworlichkeit

Daten im Netz
- Datenspuren
- Datenkrake
- personalisierte Werbung
- kompetenter Umgang mit Daten

3 Die wichtigsten Themen des Kapitels im Überblick

Überall Informatik

1 Informatiksysteme sind überall.

Informatiksysteme in unserem Alltag

↗ **Informatiksysteme** begleiten unseren Alltag. Sie helfen uns im Haushalt, bei Hausaufgaben oder dabei, pünktlich zu sein. Wir nutzen sie beim Sport und in der Freizeit. In vielen Bereichen können wir uns das Leben ohne sie nicht mehr vorstellen, in anderen Bereichen dagegen müssen wir den Einsatz von Informatiksystemen kritisch prüfen.

2 Informatiksysteme im Haushalt

... im Haushalt

Kannst du dir einen Haushalt ohne Informatiksysteme vorstellen? Also z. B. per Hand Geschirr spülen? Informatiksysteme erleichtern unser Leben jeden Tag und wir haben Zeit für andere Dinge. Viele dieser Geräte kannst du auch über die Stimme „bedienen“. So musst du z. B. nicht per Hand deinen Wecker stellen oder deinen Lieblingssong auswählen. Bei Informatiksystemen mit ↗ **Spracherkennung** merkst du, dass sie immer

3 Der Sprachassistent *denkt* mit.

passendere Antworten liefern und sogar eigene Vorschläge machen.
Ein Beispiel: Elif ist verwirrt. Ihre Spracherkennung schlägt vor, eine Folge CE-Girls zu schauen (→ **Abb. 3**). Das macht sie mittags um diese Zeit gerne zur Entspannung.
Elif wird unsicher. Was weiß die Spracherkennung dann noch alles über sie?

4 Wusstest du, dass Fußbälle mit Informatiksystem beim Training helfen sollen?

... in unserer Freizeit

Ob Videos schauen, Musik hören, mit Freunden chatten oder Sport treiben – Informatiksysteme gehören dazu. Smartwatches messen Puls und Geschwindigkeit beim Training. Sie schlagen dir dein persönliches Trainingsprogramm vor. In sozialen Netzwerken triffst du dich mit Freunden, auch wenn sie weit weg wohnen. Ihr tauscht Erlebnisse, Videos oder Bilder aus. Dabei erstellen Informatiksysteme z. B. selbstständig eine Rangliste deiner Kontakte. Würdest du deine Freunde so „ordnen“?

... in Arbeitswelt und Schule

Ein spontanes Arbeitstreffen mit den europäischen Geschäftsleitungen der Firma ist dank Videokonferenzen kein Problem! Es ist zudem zeitsparend und schont die Umwelt, da keiner reisen muss. Auch die Beschaffung von speziellen Materialien oder Ersatzteilen ist mithilfe des Internets schnell und einfach.

5 Auch in der Schule lernst du in Videokonferenzen.

Du kommst bei deinen Hausaufgaben nicht weiter? Sicher hast du schon im Internet nach Hilfe gesucht. Mithilfe von Filtern lassen sich die Ergebnisse von Suchmaschinen eingrenzen, sodass du meistens schnell passende Informationen zu deinem Anliegen erhältst.

... in der Öffentlichkeit

Das „autonome Fahren" entwickelt sich stetig weiter. In manchen Städten gibt es bereits selbstständig fahrende Busse. In unseren privaten Autos sind bereits viele hilfreiche Informatiksysteme integriert (z. B. Abstandsregler, Navigationssystem, automatische Einparkhilfe (→ **Abb. 6**) und Notruf). Sie unterstützen den Menschen dabei, das Auto sicher und komfortabel zu bewegen. Damit sich Fahrzeuge wirklich selbstständig im Straßenverkehr bewegen können, müssten sie viele komplexe Situationen erkennen. Dass Menschen dabei nicht mehr notwendig sind, ist nur schwer vorstellbar.

6 Einparkhilfe im Auto

Auch in Krankenhäusern übernehmen Informatiksysteme viele Aufgaben. Sie ordnen die richtigen Medikamente zu oder können eigene Diagnosen, z. B. bei Röntgenbildern, treffen. Wenn die Systeme eines Krankenhauses ausfallen, können keine Operationen mehr durchgeführt werden. Viele Patientinnen und Patienten benötigen Maschinen, die ihr Leben überwachen und unterstützen. Selbst die Ampeln einer Stadt werden zentral von einem Informatiksystem gesteuert. So sollen z. B. Staus durch Pendelnde vermieden werden. Auf Autobahnen werden automatisch Geschwindigkeiten begrenzt.

autonom: selbstständig, eigenständig

Merke

- **In unserem Alltag sind überall Informatiksysteme zu finden.**
- **Informatiksysteme helfen uns – manchmal unbemerkt und ungewollt.**

Aufgaben

1 Stelle alle Informatiksysteme zusammen, die du im Laufe eines Tages nutzt. Lege eine Tabelle an und fülle folgende Spalten in Stichpunkten aus:

1. Informatiksystem, 2. Nutzen, 3. Vor-/Nachteile, 4. Alternative.

2 Recherchiere, welche Daten das Informatiksystem von einem Fußball erfasst. Wozu werden diese Daten beim Training eingesetzt?

3 Recherchiert, was es mit dem Informatiksystem „Hitchbot" auf sich hat.

a) Beschreibt die Reise, die „Hitchbot" unternommen hat.
b) Erklärt den Grundgedanken des Experimentes.
c) „Hitchbot" konnte seine Reise nicht beenden, weil er zerstört wurde. Diskutiert, was das über das Verhältnis von Technik und Mensch aussagt.

1–3

2

Datenverarbeitung

Daten lassen sich auf unterschiedlichste Art und Weise in einem Tabellenkalkulationsprogramm verarbeiten. Es gibt viele verschiedene private, kaufmännische sowie wissenschaftliche Einsatzmöglichkeiten. Die Spannbreite dabei ist enorm: Vom Taschenrechner über das Haushaltsbuch bis hin zur Darstellung naturwissenschaftlicher und mathematischer Modelle – all dies gelingt mit einem Tabellenkalkulationsprogramm.

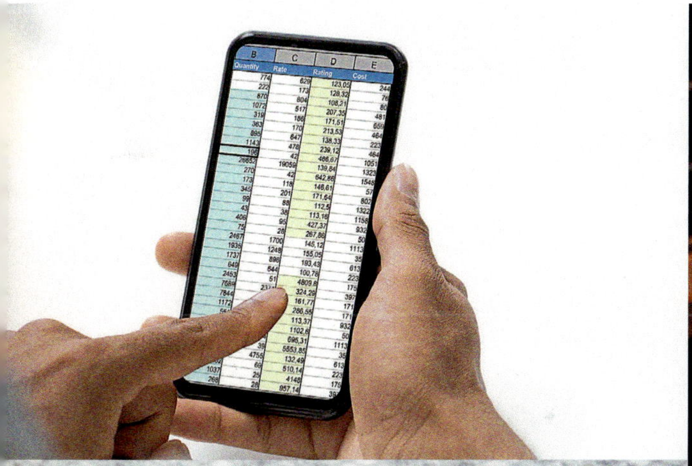

Wusstest du, dass …

- … es eine Weltmeisterschaft für Tabellenkalkulation gibt?
- … du ein Tabellenkalkulationsprogramm auch auf dem Smartphone benutzen kannst?
- … es einen japanischen Künstler Namens Tatsuo Horiuchi gibt, der mit einem Tabellenkalkulationsprogramm Gemälde von japanischen Naturlandschaften angefertigt hat?

Ich werde …

- Werte eingeben, formatieren und sie sortieren.
- Zellbezüge und deren Vorteile kennenlernen.
- Tabellen übersichtlich gestalten.
- Formeln und Funktionen kennenlernen und anwenden lernen.
- mit einem Tabellenkalkulationsprogramm einen Vokabeltrainer und ein Spiel erstellen.

Einsatzmöglichkeiten von Tabellenkalkulationsprogrammen

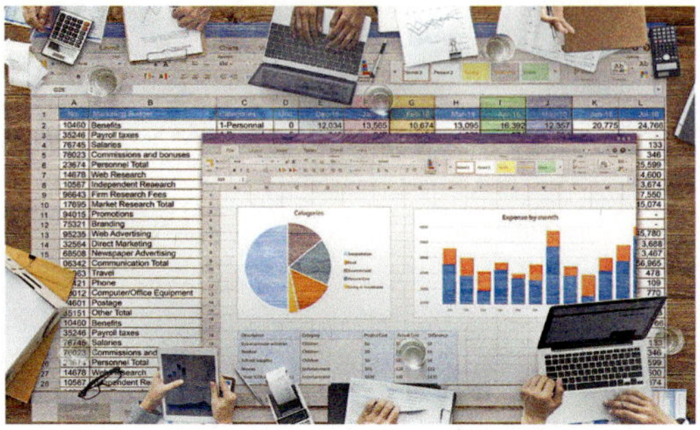

1 Ein Programm – viele Anwendungsmöglichkeiten

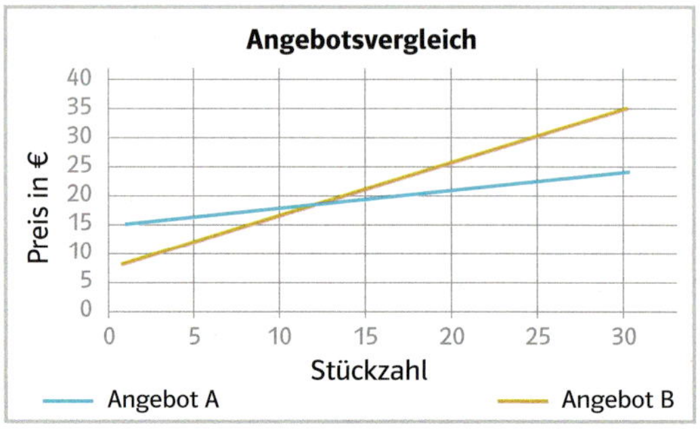

3 Welches Angebot ist billiger?

die Kalkulation: anderes Wort für Berechnung

das Modell: vereinfachtes Abbild der Wirklichkeit

Ein Tabellenkalkulationsprogramm nutzt Tabellen zur Berechnung und Darstellung von Zahlen. Im Namen kommen daher schon die Wörter Tabelle und Kalkulation vor. Letzteres bedeutet Berechnung. Außerdem lassen sich die Daten in einer Tabelle ganz einfach in Diagramme umwandeln. Es gibt viele verschiedene **Einsatzmöglichkeiten** von Tabellenkalkulationsprogrammen, die dir hier vorgestellt werden und mit denen du sicher noch außerhalb der Schule in Kontakt kommen wirst.

Private Einsatzmöglichkeiten

Egal, ob bei Sparaktionen im Netz, verschiedenen Smartphonetarifen oder Sparangeboten im Supermarkt – vor einer Entscheidung solltest du stets vergleichen, um die beste Entscheidung für dich treffen zu können (→ **Abb. 3**). Entweder rechnest du dabei mit einem Taschenrechner und nutzt Stift und Papier, oder du verwendest ein Tabellenkalkulationsprogramm. Mit einem Haushaltsbuch behält man überdies einen Überblick über seine Finanzen. Dies kann man entweder handschriftlich oder mithilfe eines Tabellenkalkulationsprogrammes führen (→ **Abb. 2**).

Wissenschaftliche Einsatzmöglichkeiten

Auch Wissenschaftlerinnen und Wissenschaftler benutzen Tabellenkalkulationsprogramme, z. B. für die Datenerfassung und Auswertung von Experimenten oder für naturwissenschaftliche, mathematische und volkswirtschaftliche Modelle.

2 Haushaltsbuchführung von Hand vs. Haushaltsbuchführung mit einem Tabellenkalkulationsprogramm

4 Auswertung von Diagrammen in der Wissenschaft

Name der Produkte	Stückzahlen	Einkaufspreis/ Stück	Kosten	Verkaufspreis/ Stück	Umsatz
Radiergummis	12 311	0,20 €	2.462,20 €	0,40 €	4.924,40 €
Bleistifte	9 012	0,50 €	4.506,00 €	1,00 €	9.012,00 €
Hefte	4 500	1,10 €	4.950,00 €	2,20 €	9.900,00 €
Füller	1 200	9,95 €	11.940,00 €	19,90 €	23.880,00 €
Bücher	1 100	12,95 €	14.245,00 €	25,90 €	28.490,00 €
Gesamt	**28 123**		**38.103,20 €**		**76.206,40 €**

5 Kaufmännische Berechnungen

Kaufmännische Einsatzmöglichkeiten

Ein wichtiger Bereich, in dem Tabellenkalkulationsprogramme nicht mehr wegzudenken sind, ist der kaufmännische Bereich (→ **Abb. 6**).
Zu den Anwendungsgebieten gehören u.a. Kosten- und Leistungsrechnungen (→ **Abb. 5**), Reisekostenabrechnungen (Fahrtkosten, Übernachtungskosten, Reisenebenkosten und Geld für Verpflegung) und vieles mehr. Einen großen Vorteil bietet hier die schnelle Umwandlung der Zahlen in eine graphische Darstellung (Diagramme). Tabellenkalkulationsprogramme helfen auf diese Weise Firmen, schneller Sachverhalte zu erfassen und darauf basierend Entscheidungen in einer kürzeren Zeit treffen zu können.

6 Auch im kaufmännischen Bereich wird mit Tabellen und Diagrammen gerarbeitet.

Ein Tabellenkalkulationsprogramm kannst du sowohl mit einem Desktop-PC als auch mit einem Laptop, Tablet oder Smartphone benutzen.

Merke

- **Ein Tabellenkalkulationsprogramm benutzt Tabellen zum Berechnen (Kalkulieren) und Darstellen von Daten.**
- **Es gibt private, kaufmännische und wissenschaftliche Anwendungsmöglichkeiten für ein Tabellenkalkulationsprogramm.**
- **Ein Darstellungswechsel von einer Tabellen- zu einer Diagrammdarstellung ist möglich.**

Aufgaben

1 a) Erstelle eine Tabelle, in der du private, kaufmännische und wissenschaftliche Anwendungsgebiete von Tabellenkalkulationsprogrammen auflistest.
b) Ergänze jeweils weitere Einsatzmöglichkeiten.

2 In **Abb. 2** ist die Haushaltsbuchführung einmal handschriftlich und einmal mit einem Tabellenkalkulationsprogramm abgebildet. Vergleicht die beiden Möglichkeiten.

3 M Auch in der Schule muss man einiges berechnen. Ergänze die Tabelle aus Aufgabe 1 um das schulische Anwendungsgebiet und nenne Beispiele.

4 Schaut euch gemeinsam **Abb. 3** an. Wann lohnt sich Angebot A, wann Angebot B?

○1 ◒2 ●3, 4

Die Oberfläche von Tabellenkalkulationsprogrammen kennenlernen

Die **Menüleiste:**
Hier befinden sich verschiedene Reiter, welche jeweils verschiedene Bearbeitungsmöglichkeiten enthalten.

Der **Dateiname**:
Am Anfang steht hier ein allgemeiner Name („Mappe1"), aber sobald du das erste Mal abgespeichert hast, steht hier der von dir vergebene Name.

Die **Symbolleisten:**
Jeweils passend zum angeklickten Reiter werden hier die Schaltflächen („Symbole") für die Bearbeitungsmöglichkeiten angezeigt.

Der **Reiter Start:**
In diesem Reiter befindet sich eine Zusammenstellung der wichtigsten Funktionalitäten.

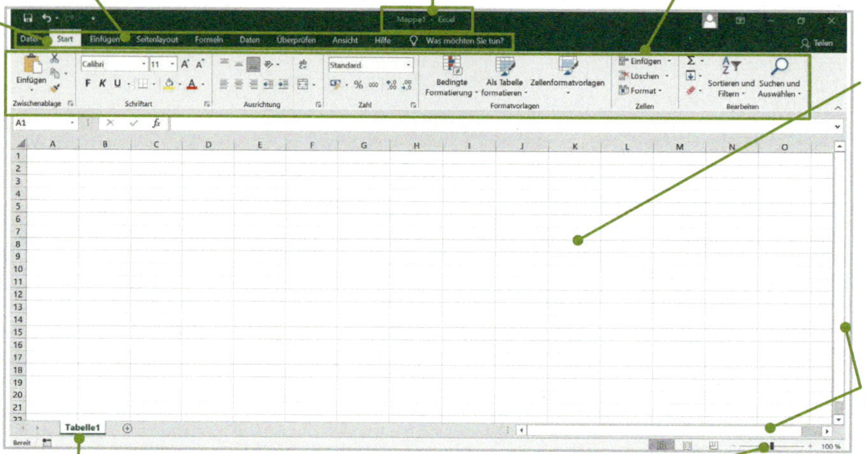

Die **Zellen**:
Eine Tabelle besteht aus vielen einzelnen Zellen, in die Zahlen, Buchstaben und Formeln eingetragen werden.

Die **Bildlaufleiste:**
Durch Bewegen des Schiebers kannst du die Tabelle nach oben, nach unten, nach links und nach rechts schieben.

Das **Tabellenregister**:
Hier kannst du Tabellenblätter anlegen und umbenennen.

Der **Zoom:**
Hier kannst du die Ansicht der Seite vergrößern oder verkleinern.

1 Die Benutzeroberfläche von Microsoft Excel

Hinweis:
Nimm keine Eintragungen in den Zellen innerhalb der Abbildungen vor!

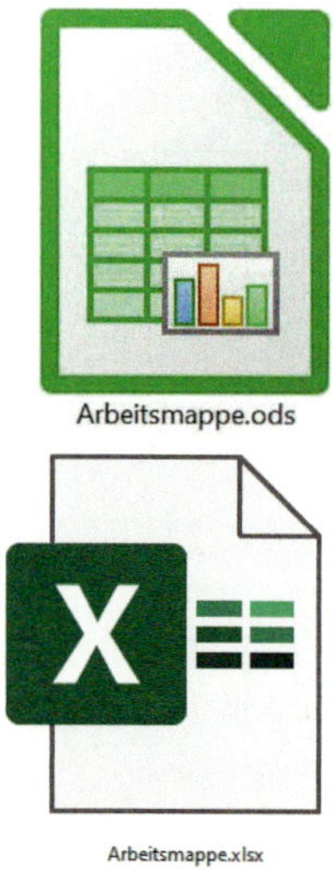

2 Die Icons und Dateiendungen von Calc und Excel

Verschiedene Tabellenkalkulationsprogramme

Es gibt verschiedene Tabellenkalkulationsprogramme, u.a. das kostenpflichtige **Excel** von Microsoft, aber auch kostenlose Programme. Ein kostenloses Programm, auf das hier neben Excel (Version 2016) weiter eingegangen wird, ist LibreOffice **Calc** (Version 7.1.2.2). Beide sind zur Tabellenkalkulation da, es gibt nur wenige Unterschiede z.B. im Aufbau und bei den Dateiformaten.

Dateiformate in der Tabellenkalkulation

Die Datei im Tabellenkalkulationsprogramm Excel sowie in Calc nennt man **Arbeitsmappe**. Wenn du sie abspeicherst, endet sie in Excel standardmäßig auf „.xlsx" und in LibreOffice Calc auf „.ods". Die einzelnen Tabellenblätter haben den Namen „Tabelle" mit angefügter Nummer (Tabelle 1, Tabelle2, …) und können umbenannt werden. Dateien des einen Programms können oft auch im anderen Programm geöffnet werden, jedoch kommt es manchmal zu Darstellungs- oder Berechnungsfehlern.

Oberfläche in Calc

Die Benutzeroberfläche von LibreOffice Calc ähnelt der Oberfläche von Excel. Im Vergleich dazu ist in LibreOffice Calc jedoch

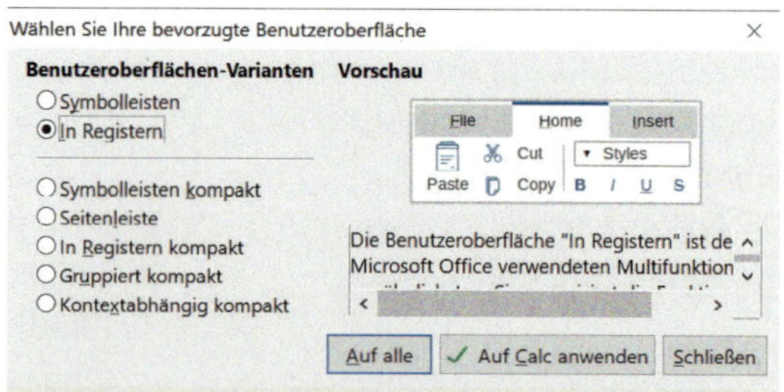

3 Benutzeroberfläche in LibreOffice Calc auswählen

die Benutzeroberflächen-Variante „Symbolleiste" aktiviert. Wer diese Ansicht auf eine Registeransicht umstellen möchte, kann dies in wenigen Schritten tun. Klicke dazu im Menü auf „Ansicht", wähle „Benutzeroberfläche" aus und klicke anschließend auf „in Registern" und danach auf „Auf Calc anwenden" (→ **Abb. 3**).

Die Zelle

Eine Tabelle ist immer in Spalten (Buchstaben) und **Zeilen (Zahlen)** unterteilt. Die Kombination aus beidem, die sogenannte **Zelladresse**, gibt eindeutig die Lage einer Zelle in der Tabelle an.
Ein Beispiel: **D10** ist die Zelle in der Spalte D und der Zeile 10 (→ **Abb. 4**).

Werte in Zellen eingeben

Bevor du etwas in eine Zelle eingeben kannst, musst du sie mit der linken Maustaste markieren. Jetzt kannst du die Zeichen entweder direkt in die Zelle oder in die **Bearbeitungsleiste/Eingabezeile** (→ **Abb. 4**) eingeben. Dort kannst du einzelne Zeichen auch löschen und korrigieren.

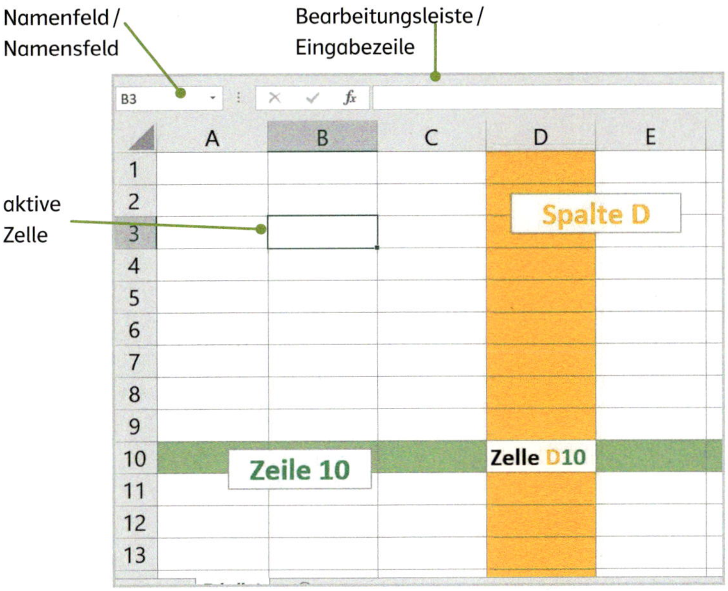

4 Bezeichnungen in Excel/LibreOffice Calc

Merke

- **Eine Tabelle besteht aus Spalten, die mit Buchstaben bezeichnet werden und Zeilen, die mit Zahlen bezeichnet werden.**
- **Die Kombination aus Spalte und Zeile, z. B. D4, heißt Zelle.**
- **Arbeitsmappen können in Ordnern abgespeichert werden, um sie später wieder öffnen zu können.**

Aufgaben

1 Öffnet das Tabellenkalkulationsprogramm und erklärt euch gegenseitig die Benutzeroberfläche mithilfe der **Abb. 1**.

2 In diesem Kapitel wirst du viele Dateien erstellen. Damit diese nicht verloren gehen, brauchst du einen sicheren Speicherplatz für sie. Erstelle den Ordner *Tabellenkalkulation* auf deinem persönlichen Schullaufwerk.

3 Öffne das Tabellenkalkulationsprogramm und ändere den angezeigten Dateinamen.

4 Erkläre mithilfe der Begriffe im Wortspeicher, wie ein Tabellenkalkulationsprogramm aufgebaut ist.

Wortspeicher
- Zellen
- Spalten
- Zeilen
- Buchstaben
- Zahlen

5 a) Recherchiere im Internet die Vor- und Nachteile zu den Tabellenkalkulationsprogrammen Microsoft Excel und LibreOffice Calc.
b) Notiere dir mindestens je zwei Vorteile und zwei Nachteile zu jedem Programm.
c) Für welches der beiden Programme würdest du dich entscheiden? Begründe deine Entscheidung.
M d) Diskutiert die Vor- und Nachteile der Programme sowie eure Entscheidungen in der Klasse.

○1 ◒2–4 ●5

Tabellenkalkulationsprogramme bedienen

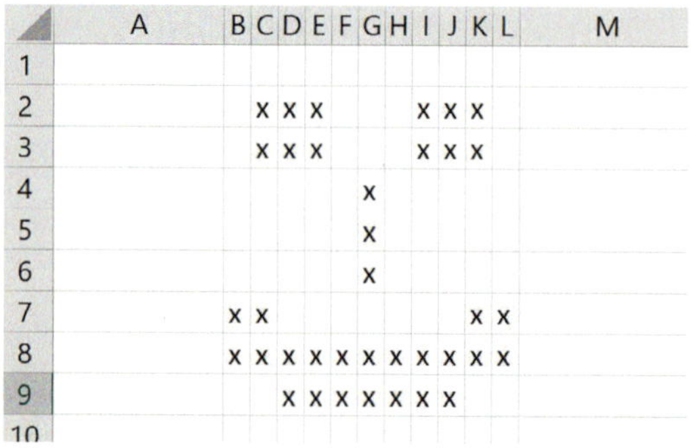

1 Durch das Vergrößern und Verkleinern von Zeilen und Spalten lassen sich lustige Muster erstellen.

Mit Tabellenkalkulationsprogrammen arbeiten

Wie du das Programm öffnest und wie die Oberfläche aufgebaut ist, hast du bereits auf den vorangegangenen Seiten erfahren. Sicher hast du auch schon einige Sachen ausprobiert. Auf diesen beiden Seiten darfst du jetzt aktiv werden und das Programm noch besser kennenlernen.

Werte in Zellen eingeben

Bevor du etwas in eine Zelle eingeben kannst, musst du sie mit der linken Maustaste anklicken. Jetzt kannst du die Zeichen entweder direkt in die Zelle oder in die **Bearbeitungsleiste/Eingabezeile** (→ **Abb. 2**) eingeben. Dort kannst du einzelne Zeichen auch löschen und korrigieren.

Spalten und Zeilen anpassen

Du kannst eine Zelle beliebig vergrößern oder verkleinern, indem du Spalten und Zeilen vergrößerst oder verkleinerst. Wenn du die **Spaltenbreite** verändern willst, fährst du mit dem Mauszeiger über den Spaltenkopf, bis ein Pfeil mit zwei Pfeilspitzen (→ **Abb. 3**)

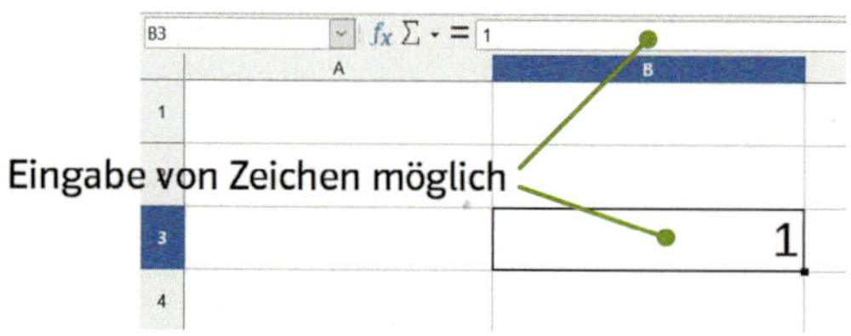

2 Eingabemöglichkeiten

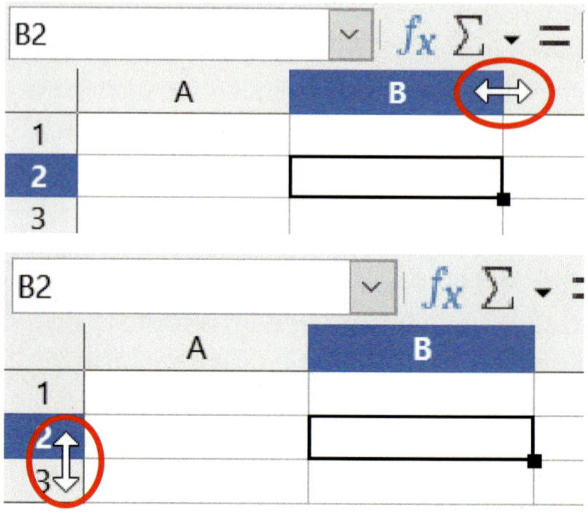

3 Größenanpassung der Zelle B2

erscheint. Dann klickst du zwischen die zwei Spalten und ziehst die Spalte mit gedrückter linker Maustaste auf die gewünschte Breite. Genauso kannst du auch die **Zeilenhöhe** verändern. Wenn zwischen zwei Zeilen der Pfeil erscheint (→ **Abb. 3**), kannst du die Zeile mit gedrückter linker Maustaste vergrößern oder verkleinern.

> *Ein Doppelklick auf die Linie zwischen zwei Spalten im Spaltenkopf passt die Breite automatisch an den Inhalt der Zelle an.*

Eingaben kopieren und verschieben

Wenn du die Werte einer Zelle in eine andere Zelle verschieben willst, musst du die gewünschte Zelle zuerst **markieren**.
Fahre dafür mit gedrückter linker Maustaste über die Zelle (oder klicke sie an). Nach einem Klick mit der rechten Maustaste kannst du im Kontextmenü die gewünschte Methode wählen: „Ausschneiden“ oder „Kopieren“ (→ **Abb. 4**). In beiden Fällen klickst du danach die gewünschte Zielzelle an und wählst im Kontextmenü „Einfügen“ aus (→ **Abb. 4**). Beim Ausschneiden werden die Werte aus der Zelle entfernt, beim Kopieren wird hingegen ein Duplikat des Zellinhalts erstellt.

das Duplikat: Kopie

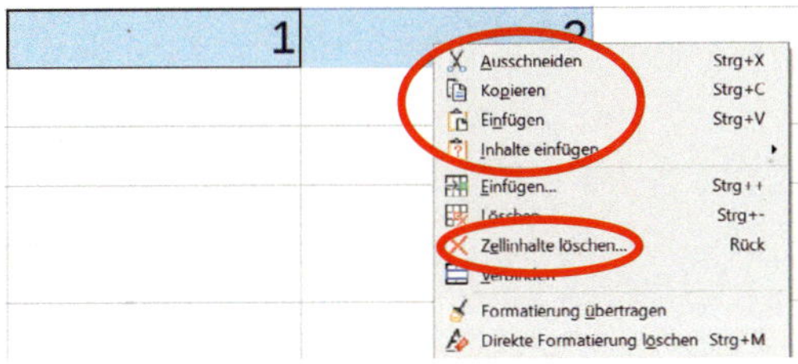

4 Kontextmenü

Eingaben löschen

Zum Löschen markierst du die Zelle ebenfalls mit der linken Maustaste und klickst sie dann mit der rechten Maustaste an. Wenn du jetzt **Zellinhalte löschen** auswählst (→ **Abb. 4**), werden die Zeichen aus der Zelle entfernt. Wenn du Löschen auswählst, wird die ganze Zelle aus der Tabelle entfernt. Dann kannst du entscheiden, wie die „Lücke" gefüllt werden soll, also ob die „Nachbarzellen" nach oben oder links verschoben werden.

Werte automatisch ergänzen lassen

Das Programm kann auch Nachbarzellen **automatisch ausfüllen**. Wenn man z. B. Zahlenfolgen (1, 2, 3, …) oder jeweils das nächste Datum untereinander oder nebeneinander schreiben möchte, kann man die Methode **Auto-Ausfüllen** verwenden. Gib dafür in (mindestens) zwei Zellen den Anfang der Zahlenreihe ein und markiere beide Zellen, indem du mit gedrückter linker Maustaste darüberfährst. Wenn du über das kleine Quadrat rechts unten im schwarzen Rahmen (→ **Abb. 5**), auch **Füllkästchen** genannt, fährst, erscheint ein **schwarzes Kreuz**. Klicke an diese Stelle und ziehe mit gedrückter linker Maustaste in die gewünschte Richtung. Das Programm ergänzt jetzt die Zahlenreihe automatisch.

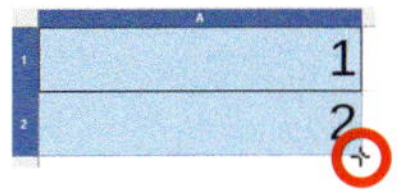

5 Wenn du an dieser Stelle nach unten „ziehst", wird die Spalte automatisch gefüllt.

Spalten und Zeilen einfügen

Auch nachträglich lassen sich Spalten oder Zeilen in die Tabelle einfügen. Klicke dazu mit der rechten Maustaste auf den entsprechenden Buchstaben im Spaltenkopf. Dann musst du im Menü nur noch auswählen, wo die Spalte eingefügt werden soll (→ **Abb. 6**). Genauso gehst du beim Einfügen von Zeilen vor: Erst Zeile markieren, dann mit der rechten Maustaste klicken und Zellen einfügen.

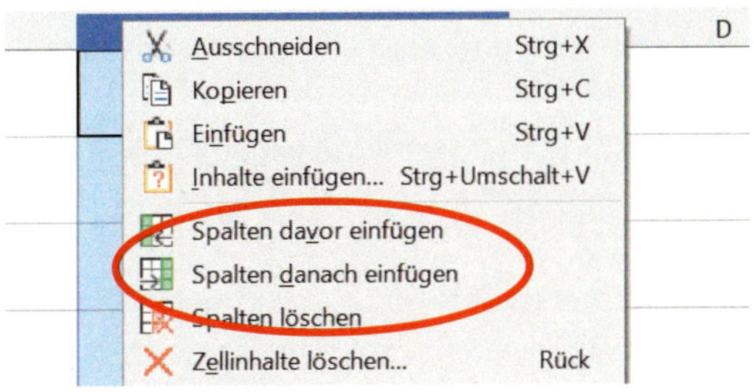

6 Spalten einfügen

Merke

- **Die Werte in den Zellen können verschoben, kopiert und gelöscht werden.**
- **Du sparst viel Zeit, wenn du die Werte automatisch ergänzen lässt.**
- **Weitere Spalten und Zeilen können auch im Nachhinein ergänzt werden.**

Aufgaben

1 a) Öffne das Tabellenkalkulationsprogramm. Schreibe in die Zellen A2, B5, C3, D7, E2 und F12 jeweils ein x. Verändere die Spaltenbreite so, dass das x gerade noch in die Spalte passt.
b) Gestalte den Smiley (→ **Abb. 1**) nach.

2 a) Erstelle deinen eigenen Jahreskalender. Öffne dazu ein neues Dokument und trage in die erste Zeile alle Monatsnamen ein.
b) Ergänze nun bei jedem Monat die Tage. Trage dazu in die Zellen unterhalb des Monatsnamens jeweils die passenden Ziffern ein. Nutze die Methoden „Kopieren", „Einfügen" und „Auto-Ausfüllen".

3 Gestalte dein eigenes Kunstwerk! Entwirf ein Mosaikbild oder -muster, indem du z. B. verschiedene Zeichen verwendest oder die Zellen mithilfe des „Farbeimers" aus der Symbolleiste einfärbst.

○1 ◒2 ●3

Was sind eigentlich Zellbezüge?

Du hast bereits gelernt, dass du in eine Zelle Text oder Zahlen eingeben kannst. Ein großer Vorteil eines Tabellenkalkulationssystems ist, dass du **Bezüge** zwischen Zellen herstellen kannst. Das bedeutet, du kannst in eine Zelle (hier C1) z. B. hineinschreiben **„Hole mir den Wert aus der Zelle A1"** (in der Sprache des Tabellenkalkulationsprogrammes: =**A1**) (→ **Abb. 1**).

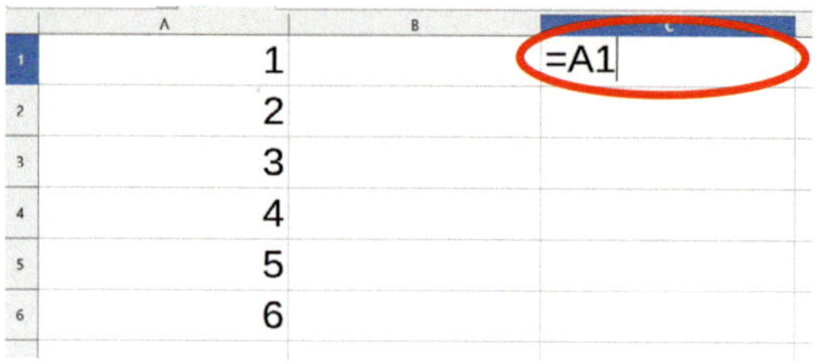

1 Die Zelle C1 enthält einen Zellbezug zur Zelle A1.

Nach Drücken der Eingabetaste (Enter-Taste) steht in C1 dasselbe wie in A1, also die Zahl 1. Wenn du nun in die Zelle A1 eine 10 schreibst, dann steht in der Zelle C1 auch automatisch eine 10.

Relative Adressierung

Du kannst diesen hergestellten Bezug auch kopieren. Nach einem Klick mit der **rechten Maustaste** auf C1 kannst du im Kontextmenü die gewünschte Methode wählen: **Kopieren**. Danach klickst du ebenfalls mit der rechten Maustaste die gewünschte Zielzelle (hier C2) an und wählst im Kontextmenü **Einfügen** aus (→ **Abb. 3**).
In der Zelle C2 steht nun eine 2. Wenn du mit der linken Maustaste auf C2 klickst, siehst du in der Eingabezeile/Bearbeitungsleiste, dass die Zelle C2 auf die Zelle A2 Bezug nimmt (→ **Abb. 4**). In diesem Fall hat der Zellbezug sich beim Kopieren und Einfügen automatisch angepasst.

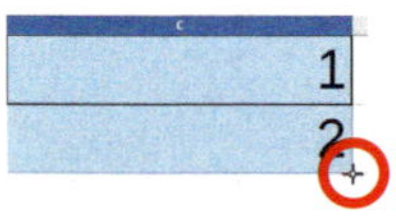

2 Ziehst du an dieser Stelle nach unten, wird die Spalte automatisch mit den Zellbezügen gefüllt.

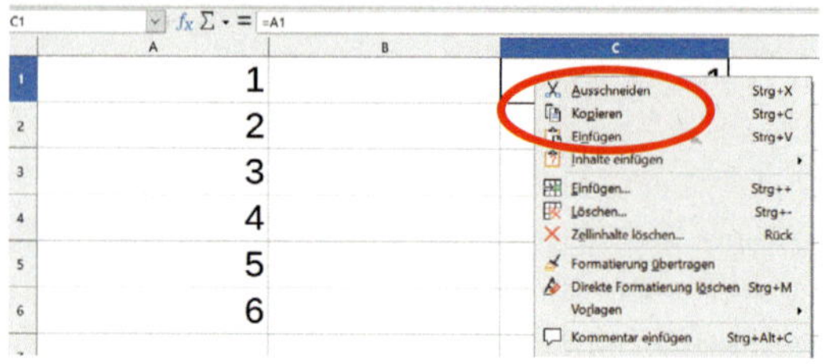

3 Zellbezug kopieren

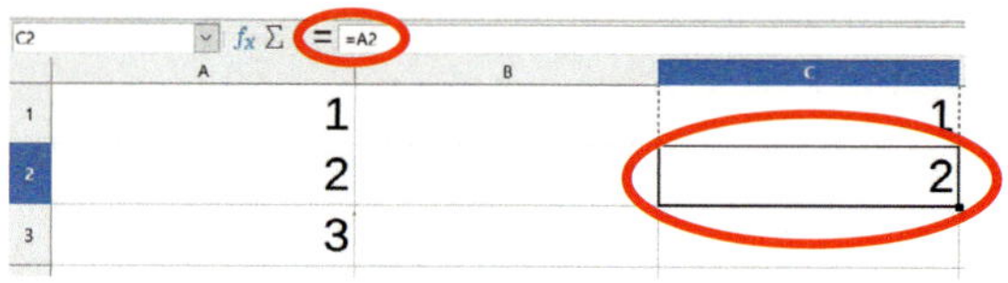

4 Zellbezug nach dem Einfügen bei einer ↗ **relativen Adressierung**

„Automatisch ausfüllen" bei einer relativen Adressierung

Natürlich musst du nicht jede Zelle einzeln kopieren. Wie du bereits kennengelernt hast, kannst du in einem Tabellenkalkulationsprogramm auch automatisch ausfüllen lassen. Hierzu klickst du mit der linken Maustaste auf die Zelle und ziehst das kleine Quadrat, das rechts unten in der markierten Zelle erscheint, mit gedrückter linker Maustaste nach unten. Jetzt verschieben sich die Zellbezüge jeweils um eine Zelle nach unten (→ **Abb. 2**).

Beim Ausschneiden bleibt der Zellbezug erhalten, beim Kopieren passt sich der Zellbezug automatisch an.

Absolute Adressierung

Wenn du möchtest, dass sich kopierte oder automatisch ausgefüllte Zellen immer auf eine feste Zelle (absolute Adresse) beziehen, so spricht man von einer **„↗ absoluten Adressierung"**. Hierzu gibst du jeweils vor dem Buchstaben und der Zahl der Adresse ein $-Zeichen ein (→ **Abb. 5**).

C
=$A$1

5 Absolute Adressierung

Wenn du zwischen „C" und „1" klickst und auf deiner Tastatur F4 drückst, dann werden die Dollarzeichen automatisch eingefügt.

Absolute Adressierung für Spalte und Zeile
Natürlich gibt es auch Situationen, in denen die Spalte gleichbleiben und die Zeile sich aber anpassen soll oder umgekehrt. In diesem Fall musst du das $-Zeichen entweder nur bei der Spalte oder nur bei der Zeile setzen. Wenn du das $-Zeichen vor den Buchstaben schreibst, aber nicht vor die Zahl (Bsp. $A3), dann bleibt die Spalte A beim Kopieren und automatischen Ausfüllen immer die gleiche, die Zeile 3 ist aber relativ, das bedeutet, sie ändert sich (→ **Abb. 6**, Zelle B3). Wenn du das $-Zeichen vor die Zahl setzt und nicht beim Buchstaben (Bsp. B$2), wird die Zeile 2 festgehalten, aber die Spalte B kann sich ändern (→ **Abb. 6**, Zelle B3). Beispielsweise lässt sich dieser Währungsrechner mit diesem Wissen schnell lösen:

	A	B	C	D	E
1		USD	JPY	CHF	GBP
2	1,00 €	1,0545	136,9165	1,0267	0,8389
3	2,00 €	=$A3*B$2			
4	5,00 €				
5	10,00 €				
6	20,00 €				
7	50,00 €				
8	100,00 €				
9	500,00 €				
10					Stand: 05 2022

6 Währungsumrechnung in der Tabellenkalkulation

Merke
- **Zellen können sich relativ oder absolut aufeinander beziehen.**
- **Zellbezüge lassen sich kopieren und automatisch ausfüllen.**
- **Beim absoluten Zellbezug musst du das $-Zeichen verwenden.**

Aufgaben

1 a) Öffne ein Tabellenkalkulationsprogramm und fülle die Zellen A1 bis A4 mit den Zahlen von 1 bis 4 und die Zellen B1 bis B4 mit den Buchstaben A bis D.
b) Schreibe in die Zelle D1 „=A1" und kopiere die Zelle nach links in C1 und nach rechts in E1.
c) Schreibe in D2 "=$A$2" und kopiere die Zelle nach links in C2 und nach rechts in E2.
d) Vergleiche Zeile 1 mit Zeile 2. Beschreibe, was jeweils passiert ist.
e) Schreibe in D3 "=$A3" und kopiere die Zelle nach links in C3 und nach rechts in E3.
f) Schreibe in D4 "=A$4" und kopiere die Zelle nach links in C4 und nach rechts in E4.
g) Vergleiche Zeile 3 mit Zeile 4. Beschreibe, was jeweils passiert ist.

2 a) Öffne eine neue Tabelle und erstelle den Währungsumrechner aus **Abb. 6**.
b) Recherchiere im Internet, die Namen der Währungen USD, JPY, CHF und GBP sowie den aktuellen Umrechungskurs für 1,00 €.
c) Übertrage die Formel aus **Abb. 6** in die Zelle B3 und fülle die Tabelle automatisch aus.

3 Erkläre mithilfe der Begriffe im Wortspeicher, was man unter einem Zellbezug versteht.

Wortspeicher
- Zelle
- Gleichheitszeichen
- relative Adressierung
- absolute Adressierung
- Dollarzeichen

○1 ◒2 ●3

Rechnen mit einem Tabellenkalkulationsprogramm

1 Rechnungen im Mathematikunterricht

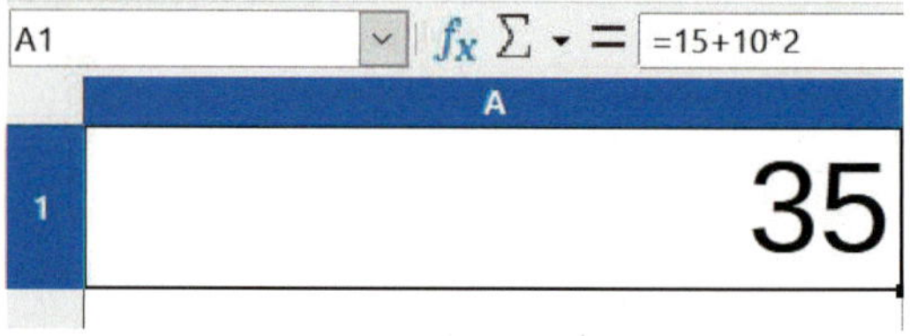

3 Ergebnis in der Zelle, Rechnung in der Eingabezeile/Bearbeitungszeile

Rechnungen, wie du sie aus dem Mathematikunterricht (→ **Abb. 1**) kennst, kannst du auch ganz einfach mit deinem Computer lösen. Hierbei hilft dir ein Tabellenkalkulationsprogramm.

Rechnen mit Zahlen

Wenn du etwas rechnen möchtest, musst du immer zuerst ein „=“ eingeben, dann weiß das Programm, dass es nun eine Rechnung durchführen soll (→ **Abb. 2**). Solche Eingaben mit Gleichheitszeichen nennt man **Formeln**. Danach kannst du deine Rechnung eingeben.

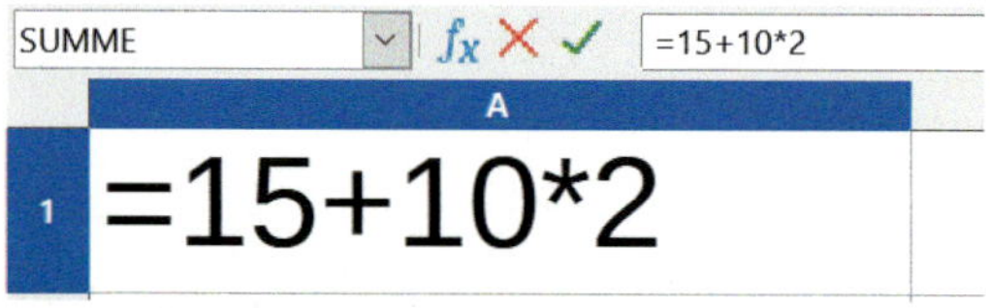

2 Beispielrechnung in einem Tabellenkalkulationsprogramm

Wenn du deine Rechnung fertig eingegeben hast und das Ergebnis angezeigt haben möchtest, drückst du entweder die Eingabe- oder die Tabulatortaste. Je nachdem, ist die nächste aktive Zelle die darunterliegende oder die rechts danebenliegende. In der Rechenzelle steht nun anstatt der Rechenaufgabe das Ergebnis. Wenn du wieder in die Zelle mit der Rechnung klickst, siehst du in der Eingabezeile/Bearbeitungszeile die dazugehörige Rechnung (→ **Abb. 3**). Nach einem Doppelklick auf die Zelle mit der Rechnung, kannst du die Rechnung erneut bearbeiten.

Rechnen mit Zellbezügen

Das Besondere an einer Tabellenkalkulation ist, dass das Programm nicht nur mit Zahlen rechnen kann. Man kann ihm auch einfach die Zelladressen angeben, mit denen es rechnen soll. Dann übernimmt es immer die aktuellen Werte aus diesen Zellen und man muss die Formel nur einmal eingeben.

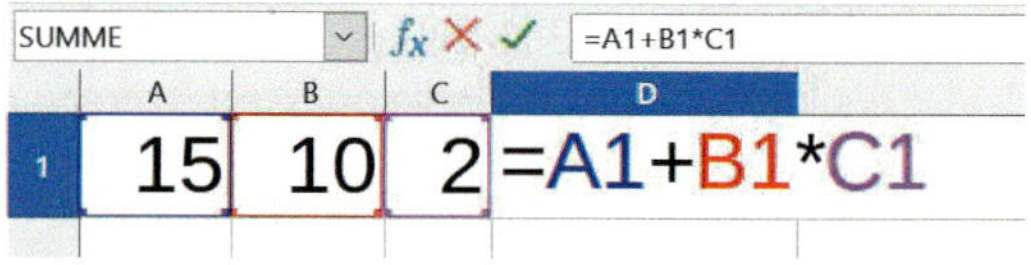

4 Rechnen mit Zellbezügen

Rechenzeichen

Im Tabellenkalkulationsprogramm sehen die verschiedenen Rechenzeichen wie folgt aus:

+	=	Addition
–	=	Subtraktion
*	=	Multiplikation
/	=	Division
^	=	Potenzieren

Forscheraufgaben leicht gemacht

In Mathebüchern finden sich oft Forscheraufgaben, bei denen etwas Bestimmtes

Die Zahl 15120 ist eine besondere Zahl.
Teile sie durch die Zahlen von 1 bis 10. Was stellst du fest?
Teile auch die Nachbarzahlen 15121 und 15119 durch die Zahlen 1 bis 10. Was beobachtest du? Erkläre.

5 Forscheraufgabe

herausgefunden werden soll (→ **Abb. 5**). Grundsätzlich solltest du diese Aufgaben auch ohne ein Tabellenkalkulationsprogramm lösen können. Manchmal kann dir das Programm aber eine Hilfe sein, da du Rechnungen darin immer wieder leicht verändern kannst. Dies ist vor allem bei komplexen Rechnungen, die dir im beruflichen Kontext einmal begegnen können, ein großer Vorteil.

*Das Programm beachtet immer die Rechenregel „Punkt vor Strich“. Wenn du eine andere Reihenfolge möchtest, musst du Klammern setzen. Dann gilt Klammer vor Punkt vor Strich! Um z. B. (20 + 30) * 2 auszurechnen, gibst du also in eine Zelle folgendes ein: = (20 + 30) * 2*

Merke

- **Das Gleichheitszeichen (=) zeigt dem Tabellenkalkulationsprogramm, dass jetzt eine Rechnung kommt.**
- **Du kannst bei einer Formel entweder direkt Zahlen oder Zellbezüge eingeben.**
- **Das Tabellenkalkulationsprogramm hält sich an Rechenregeln der Mathematik.**

Aufgaben

1 a) Im Sommerschlussverkauf gibt es 30 % Rabatt auf alle Produkte. Berechne mithilfe von Zellbezügen für jedes Produkt den Preisnachlass und den neuen Preis:
Rock: 49,99 €
Sandalen: 32,49 €
T-Shirt: 24,98 €
b) Zwei Wochen später wird der Rabatt von 30 % auf 40 % angepasst. Wie hoch ist der Preisnachlass und der neue Preis nun? Berechne wie in **a)** für alle drei Produkte mithilfe von Zellbezügen.

2 a) Erstelle folgende Tabelle in einem Tabellenkalkulationsprogramm:

Gegenstand	Umfang	Durchmesser d	$\frac{u}{d}$

b) Miss den Umfang und den Durchmesser verschiedener kreisförmiger Gegenstände mithilfe eines Bindfadens und trage die Werte in deine Tabelle ein.
c) Berechne mithilfe von Zellbezügen das Verhältnis $\frac{u}{d}$.
d) Was fällt dir auf?

3 Konservendosen gibt es in unterschiedlichen Formaten. Für die Hersteller ist die benötigte Menge an Blech von großer Bedeutung.
Ermittle mithilfe eines Tabellenkalkulationsprogramms die Abmessung einer Dose mit V = 850 ml, die den geringsten Materialbedarf hat. Erstelle dazu folgende Tabelle:

Volumen in cm³	Radius in cm	Höhe in cm	Oberflächeninhalt in cm²

4 Löse die Forscheraufgabe
M aus **Abb. 5**.

5 Setze eine Klammer so, dass das Ergebnis möglichst groß bzw. klein wird. Probiere die verschiedenen Möglichkeiten am Computer aus.
a) $8 + 8 + 8 \cdot 8$
b) $40 - 16 : 4 + 12$

6 Erstelle eine Multiplikationstabelle für das kleine Einmaleins, wie du sie aus dem Schulunterricht kennst. Nutze dabei Zellbezüge.

7 Diskutiert darüber, wann es sinnvoll ist, Berechnungen auf dem Blatt durchzuführen und wann mit einem Tabellenkalkulationsprogramm.

8 Sammelt Vorteile für die Berechnungen mit Zellbezügen.

◒1, 2, 4, 5, 7, 8 ●3, 6

Zahlen passend formatieren

1 Herr Müller weiß nicht weiter.

Unterschiedliche Zahlen ...

Es gibt sehr unterschiedliche Zahlen: Manche dienen als Bezeichnung und werden nicht zum Rechnen verwendet (z. B. Hausnummer 6), manche bezeichnen eine **Anzahl** (z. B. 6 Hosen) und manche versteht man nur im Zusammenhang mit einer **Bezeichnung** oder **Maßeinheit** (z. B. 6 Uhr, 6 % oder 6 €). Mit Zahlen kann man rechnen. Damit das Programm weiß, welche Art von Zahl in einer Zelle steht, kann man die Zelle ↗ **formatieren**. Die Eingabe von z. B. Währungs- (€) und Prozentzeichen (%) erkennt das Programm aber auch automatisch.

... werden unterschiedlich formatiert

Wenn eine Zahl als Bezeichnung dienen soll, formatiert man sie als **Text**. Die Zahlen in der Zelle werden dann wie Text behandelt und genauso angezeigt wie eingegeben. Solltest du Zahlen, die du als Text formatiert hast, trotzdem zum Rechnen verwenden wollen, lässt das Programm dies zu, solange kein unbekannter Text in der Zelle steht.

Hinweis:
Wenn du mehrere Zellen auf einmal formatieren möchtest, dann markiere sie vor dem Formatieren.

Ein Tabellenkalkulationsprogramm kann nur dann mit Zahlen rechnen, wenn kein für das Programm unbekannter Text in der Zelle steht. Wenn du das Währungszeichen € eingibst, kann das Programm mit der Zelle rechnen. Gibst du aber Euro als Text ein, kann das Programm nicht damit rechnen.

Wenn die Zahl eine Anzahl angeben soll, formatiert man sie als **Zahl**. Wenn man zu einer Zahl eine Bezeichnung oder Maßeinheit ergänzen will, sollte man diese nicht in die Zelle eingeben. Man sollte stattdessen die Zahl entsprechend formatieren, dann ergänzt das Programm die gewünschten Zeichen automatisch. Maßeinheiten wie z. B. cm werden vom Tabellenkalkulationsprogramm nicht erkannt und müssen entsprechend formatiert werden.

Zahlen formatieren

Häufig gebrauchte Formatierungen kannst du in der Symbolleiste „Zahl" im Reiter „Start" (→ **Abb. 2**) direkt anklicken.

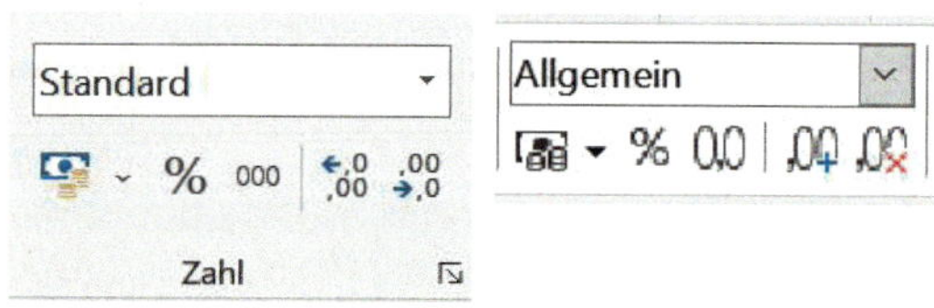

2 Die wichtigsten Formatierungen für Zahlen im Reiter „Start" (Excel/LibreOffice Calc)

Wenn du dort den Pfeil neben „Standard/Allgemein" anklickst, findest du weitere Formatierungsmöglichkeiten. Hier kannst du z. B. auswählen, ob die Zahl als Datum geschrieben werden soll.

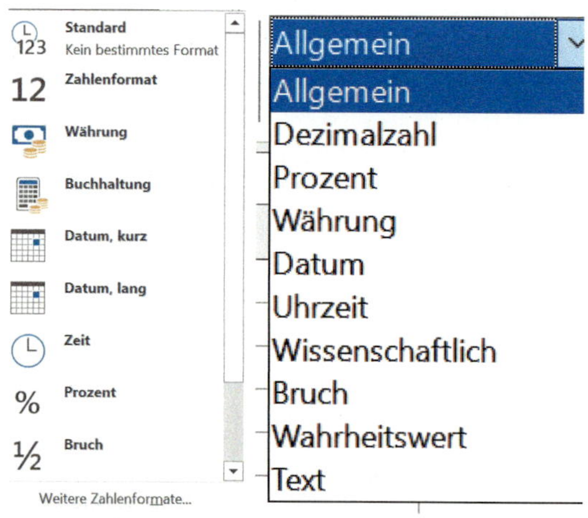

3 Zellen formatieren (Excel/LibreOffice Calc)

Wenn das Programm nicht weiß, mit was es rechnet, erhältst du die Fehlermeldung: #WERT!

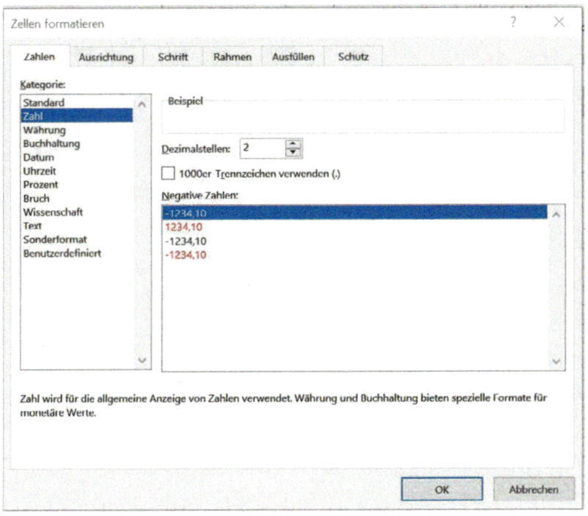

4 Fenster „Zellen formatieren" in Excel

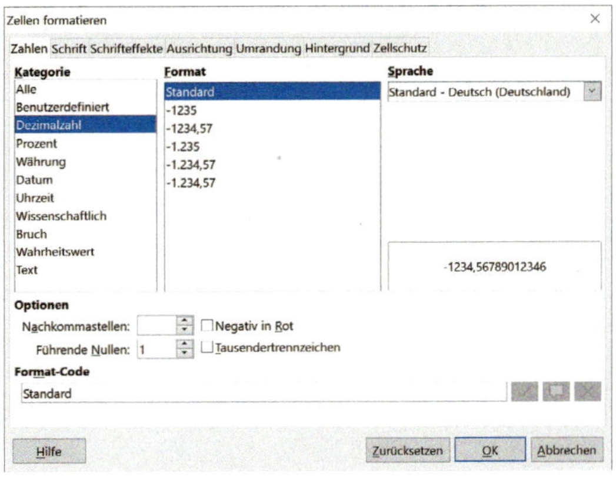

5 Fenster „Zellen formatieren" in LibreOffice Calc

Noch mehr Möglichkeiten

Wenn dir diese Formatierungsmöglichkeiten nicht ausreichen, kannst du durch einen Rechtsklick auf die Zelle, Spalte oder Zeile und einen weiteren Klick auf „Zellen formatieren" ein Fenster öffnen lassen. Dort findest du noch mehr Möglichkeiten (→ **Abb. 4** und **Abb. 5**).

Merke

- **Eine Zahl kann unter anderem als Text, Zahl oder Währung formatiert werden.**
- **Maßeinheiten dürfen nicht als Text eingegeben werden, sonst kann das Programm nicht mit ihnen rechnen. Sie müssen stattdessen mithilfe der Formatierung ergänzt werden.**
- **Soll es schnell gehen, nutze die Symbolleiste „Zahl" im Reiter „Start".**

Aufgaben

1
a) Erklärt, warum Herr Müller das tolle Angebot der Kinder (→ **Abb. 1**) nicht versteht.
b) Wie kann das Angebot der Kinder noch verstanden werden? Sammelt Möglichkeiten.

2 a) Gib die Zahlen vom Plakat (→ **Abb. 1**) in vier Zellen untereinander ein und kopiere sie so, dass sie in mehreren Spalten nebeneinanderstehen.
b) Formatiere die Zahlen mit den unterschiedlichen Maßeinheiten, die ihr in Aufgabe 1b) notiert habt.

3 a) Öffne den Währungsrechner, den du in **Aufgabe 2** auf **S. 47** erstellt hast, und formatiere die Zellen passend zu den verschiedenen Währungen.
b) Kontrolliert gegenseitig, ob ihr die Zellen richtig formatiert habt.

4 a) Entwirf eine Bestellliste für den Schulkiosk: In der 1. Spalte sollen die Stückzahlen eingetragen werden, in der 2. Spalte die Waren und in der 3. Spalte die Stückpreise in €. Gib die Überschriften ein und formatiere die drei Spalten entsprechend.
b) Tauscht die Plätze und überprüft beim jeweils anderen, ob die Spalten richtig formatiert sind.

5 a) Welche Zahl muss man eingeben und als Prozentzahl formatieren, damit man den Wert 80 % erhält? (Hinweis: Denkt auch an Bruch- oder Kommazahlen.)
M
b) Formuliere eine Regel, wie eine eingegebene Zahl bei der Formatierung „Prozentzahl" umgewandelt wird.

○1 ◒2, 3 ●4, 5

Funktionen erleichtern die Arbeit

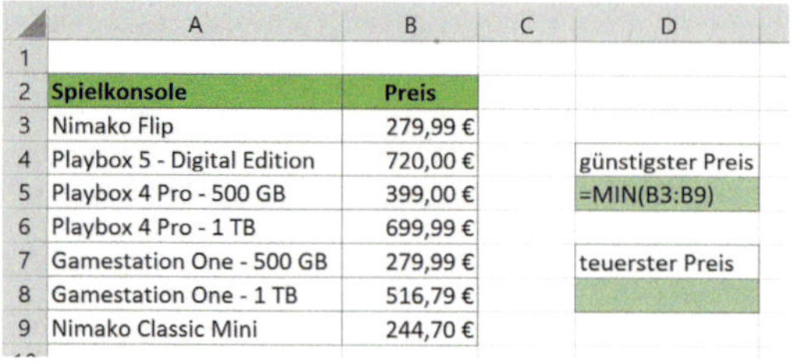

1 Welche ist die günstigste und welche die teuerste Spielkonsole?

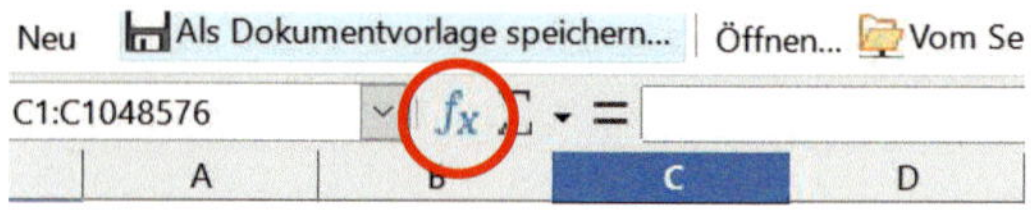

4 Funktionen einfügen in LibreOffice Calc

Formeln und Funktionen

Die Begriffe „Formel“ und „Funktion“ bezeichnen in der Tabellenkalkulation zwei unterschiedliche Dinge: Eine **Formel** entwickelst du selbst, indem du mit einem Gleichheitszeichen beginnst und dann beschreibst, in welcher Weise mit bestimmten Zellinhalten gerechnet werden soll (→ **S. 48/49**). Meist benutzt du dabei die Grundrechenarten. **Funktionen** dagegen sind sozusagen „fertige“ Formeln, diese werden vom Tabellenkalkulationsprogramm zur Verfügung gestellt. Du musst sie nur noch mit den gewünschten Werten, „**Argumente**“ genannt, „füllen“.

2 Das Symbol „Autosumme“

Eine Funktion finden

Alle Funktionen, die Excel zur Verfügung stellt, findet man im Reiter „Formeln“ in der Symbolleiste „Funktionsbibliothek“. Sie sind nach Bereichen („Kategorien“) geordnet, damit man leichter die passende Funktion findet. Am einfachsten findet man eine Funktion jedoch über das Symbol „Funktion einfügen“ (→ **Abb. 3**) im Reiter „Formeln“. Wenn du das Symbol anklickst, kannst du nach einer Funktion suchen.
Funktionen kannst du auch über das Funktionensymbol links neben der Bearbeitungsleiste/Eingabezeile auswählen und einfügen (→ **Abb. 4**).

3 Funktionen einfügen in Excel

Die Funktion SUMME()

Mit der Funktion SUMME(Zahl1;Zahl2;...) werden die Werte in den ausgewählten Zellen addiert, also Plus gerechnet. Mit dieser Funktion kann man sehr schnell alle Werte in einer Spalte oder Zeile addieren. Man kann aber auch einzelne Werte markieren und addieren lassen.
Du kannst die Funktion auf verschiedene Arten verwenden:

1. Zellenbereich mit Doppelpunktnotation, z. B. =SUMME(A9:F9)
Der Doppelpunkt steht hier für „bis“.

2. Autosumme
Zuerst müssen die gewünschten Zellen mit gedrückter Maustaste markiert werden. Ein anschließender Klick auf Autosumme (→ **Abb. 2**) addiert die Zellen.

Du kannst Argumente oder einen Zellbereich für die Funktionen durch einen Klick auf die Zelle oder durch Markieren eines Zellbereiches auswählen.

Die Funktion MIN()

Die Funktion MIN(Zahl1;Zahl2,...) gibt die kleinste Zahl der gewählten Zelle aus, z. B. also den günstigsten Preis (→ **Abb. 1**). Um die Funktion aufzurufen, klickst du auf „Funktion einfügen“ und wählst dann in der Kategorie Statistik die Funktion „MIN“ aus (→ **Abb. 5**).

Die Funktion MAX()

Die Funktion MAX(Zahl1;Zahl2,...) gibt die größte Zahl der gewählten Zellen aus, in diesem Fall den teuersten Preis. Hier gehst du so vor wie bei der Funktion MIN(), nur dass du die Funktion MAX() auswählst.

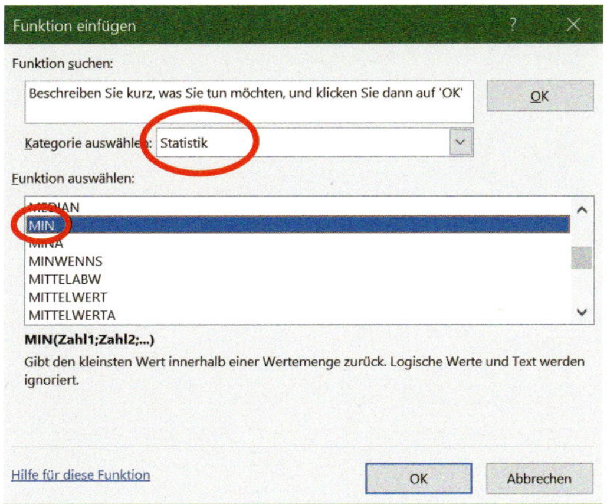

5 Funktion MIN() einfügen in Excel

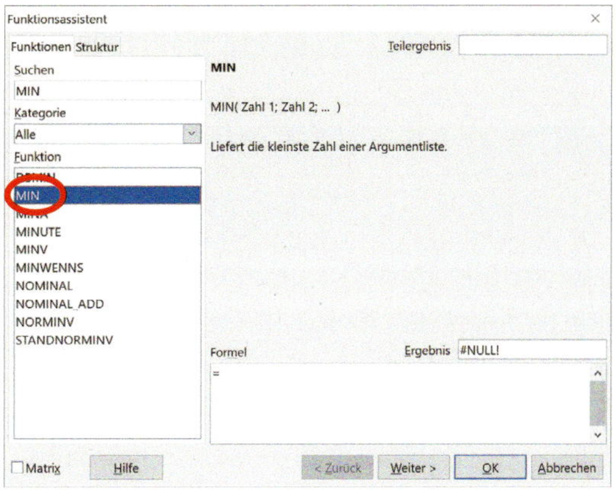

6 Funktionen suchen in LibreOffice Calc

Anwendungen der Funktion MIN() und MAX()

Diese Funktionen eignen sich immer dann, wenn es um konkrete Zahlenwerte geht. Beispielsweise die niedrigste/höchste Temperatur, das günstigste/teuerste Produkt oder die schnellste/langsamste Zeit bei einem Sportwettkampf.

Die Funktion MITTELWERT()

Die Funktion MITTELWERT(Zahl1;Zahl2,...) bildet den Durschnitt (arithmetisches Mittel) einer Zahlenmenge.

Sie ist ein gutes Beispiel dafür, in welchem Maß Funktionen komplizierte Formeln vereinfachen. Die Funktionen sparen dir somit viel Zeit. Bei der Funktion MITTELWERT() müsstest du ansonsten zuerst alle Werte addieren und anschließend das Ergebnis durch die Anzahl der Summanden teilen.

Anwendung der Funktion MITTELWERT()

Mit dieser Funktion kannst du beispielsweise den Notendurchschnitt einer Klassenarbeit, aber auch die Durchschnittstemperatur eines Monats oder die Durchnittsgeschwindigkeit eines Autos berechnen.

Merke

- **Funktionen sind „fertige“ Formeln, bei denen man die Werte (Argumente) ergänzt.**
- **Das Programm schlägt passende Argumente vor oder man ergänzt sie selbst.**
- **Die Funktionen sind in der Funktionsbibliothek nach Bereichen geordnet.**

Aufgaben

1 Was würde es kosten, wenn man alle Spielkonsolen kaufen würde? Berechne mithilfe der Funktion SUMME().

2 Nenne je drei Anwendungsmöglichkeiten zu den Funktionen MIN(), MAX() und MITTELWERT().

3 a) Erstelle die Tabelle zu den Preisen der Spielkonsolen aus **Abb. 1**.
b) Übertrage die Funktion MIN() in D5 und ergänze die fehlende Funktion MAX() in D8.
c) Verändere die Preise. Was stellst du fest?

4 Berechne den Durchschnittspreis der Spielkonsolen aus **Abb. 1** ...
a) einmal als Formel, die du selbst erstellst.
b) einmal mit der Funktion MITTELWERT().
c) Begründe, warum du durch die Verwendung von Funktionen viel Zeit sparen kannst.

5 Erkläre mithilfe der Begriffe im Wortspeicher, was man unter Funktionen versteht.

Wortspeicher
- Gleichheitszeichen
- Zellinhalte
- Formeln
- Argumente
- Werte

○1, 2 ◐3 ●4, 5

Tabellen übersichtlich gestalten

Nr.	Nachname	Vorname	Straße und Hausnummer	Postleitzahl	Wohnort
1	Arnot	Sina	Adlerstr. 3	91054	Erlangen
2	Haase	Tim	Hauptstr. 15	91054	Erlangen
3	Maister	Natalie	Dorfstadtstr. 7	91080	Spardorf
4	Musterin	Susanna	Blumenweg 19	91054	Erlangen

1 Ben hat die Adressleiste der Klasse übersichtlich gestaltet.

Tabellen und Zellen anpassen

Jede Tabelle lässt sich in der Tabellenkalkulation nach Belieben ändern oder anpassen. Die wichtigsten Einstellungen findest du im Reiter „Start". Dort hast du Zugriff auf alle **Eigenschaften der Zelle**. In den verschiedenen Tabellenkalkulationsprogrammen sieht dieser Reiter teilweise etwas unterschiedlich aus, aber es gibt die gleichen Gestaltungsmöglichkeiten (→ **Abb. 2** und **Abb. 3**).

Mit Schrift gestalten

Man kann eine Tabelle schon durch die ↗ **Formatierung** der Schrift übersichtlicher gestalten. Auch in einem Tabellenkalkulationsprogramm kann man nämlich Schriftart, -größe und -farbe verändern und sich das Geschriebene fett, kursiv oder unterstrichen anzeigen lassen. Markiere hierzu die Zelle mit der linken Maustaste und wähle im Reiter „Start" (→ **Abb. 2** und **Abb. 3**) das gewünschte Symbol aus.

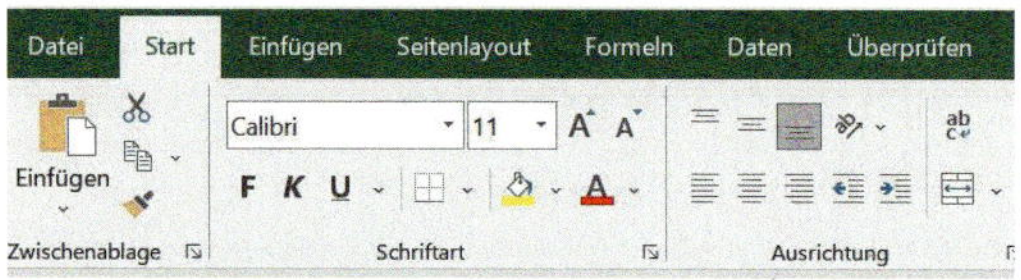

2 Reiter „Start" in Excel

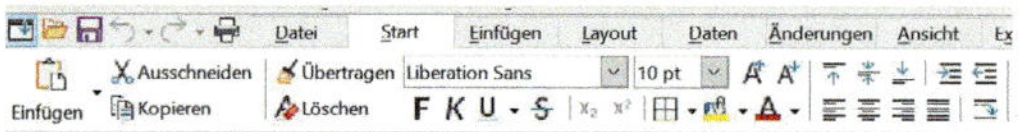

3 Reiter „Start" in LibreOffice Calc

Rahmen und Hintergrundfarben

Eine weitere Gestaltungsmöglichkeit in der Symbolleiste Schriftart sind **Rahmenlinien/ Umrandungen** und **Füllfarben**. Markiere zuerst den gewünschten Tabellenausschnitt. Nach einem Klick auf den Pfeil neben dem Rahmensymbol kannst du verschiedene Möglichkeiten auswählen (→ **Abb. 4**).

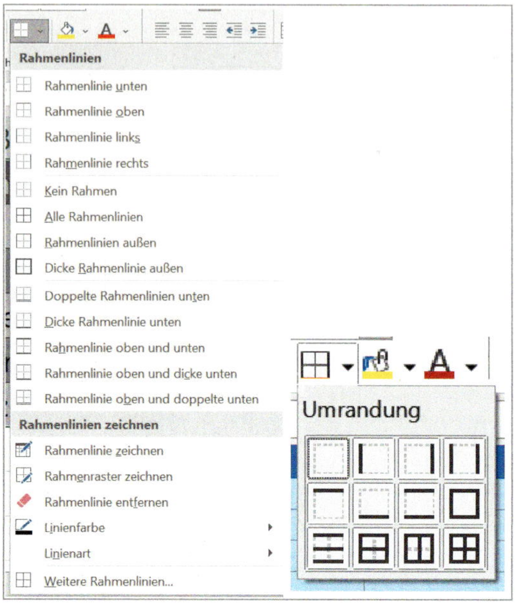

4 Rahmenlinien in Excel/Umrandungen in LibreOffice Calc

Achte darauf, Rahmenlinien zu setzen, damit diese später beim Ausdruck erkennbar sind.

Man erkennt die Informationen in einer Tabelle leichter, wenn sich die Zeilen farblich voneinander unterscheiden (→ **Abb 1**). Die Hintergrundfarbe einer Zelle wählst du aus, indem du nach dem Markieren den Pfeil neben dem „Farbeimer" (Füllfarbe) anklickst. Wenn es schnell gehen soll, hast du auch die Möglichkeit, zwischen verschiedenen **Formatvorlagen** zu wählen. Bei Excel findest du diese direkt im Reiter „Start", bei Calc in der Menüleiste unter „Formatvorlagen".

Wenn du zuerst auf eine Zelle und danach auf den Pinsel „Format übertragen" klickst, kannst du das bisherige Format ganz leicht kopieren.

Die Zellengröße an den Text anpassen

Wenn du in einer Zelle mehrere Zeilen schreiben möchtest, markierst du sie und klickst dann in der Symbolleiste „Ausrichtung“ das Symbol für **„Textumbruch“** (→ **Abb. 5**) an. Außerdem kannst du auch mehrere **Zellen verbinden** (z. B. für eine längere Überschrift). Markiere die Zellen, die verbunden werden sollen, und klicke in der Symbolleiste „Ausrichtung“ auf „Verbinden und zentrieren“ (→ **Abb. 6**). Der Pfeil neben dem Symbol ermöglicht es dir, den markierten Zellverbund auch wieder aufzuheben.

Die Textausrichtung

Die Ausrichtung des Textes legt fest, wo genau der Text in der Zelle steht. Man unterscheidet zwischen senkrechter (oben/zentriert (mittig)/unten) und waagerechter Ausrichtung (links/zentriert (mittig)/rechts) (→ **Abb. 7**). Im Reiter „Start“ in der Symbolleiste „Ausrichtung“ findest du die entsprechenden Symbole.

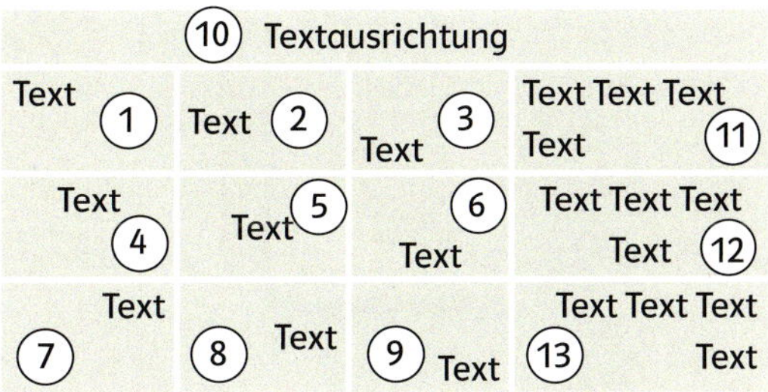

7 Die Textausrichtung bietet viele Möglichkeiten.

5 Textumbruchsymbol in Excel/LibreOffice Calc

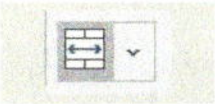

6 Hier kannst du Zellen verbinden.

Merke

- **Tabellen können übersichtlich gestaltet werden, sodass sie besser zu lesen sind.**
- **Setze die farbigen Elemente sparsam ein, sonst wird die Tabelle unübersichtlich!**
- **Du kannst die Zellengröße an den Zellinhalt anpassen.**

Aufgaben

1 a) Schau dir die Tabelle von Ben (→ **Abb. 1**) genau an. Nenne alle Gestaltungsmöglichkeiten, die du erkennst.
b) Fasst eure Ergebnisse zusammen. Sammelt weitere Gestaltungsmöglichkeiten für eine Tabelle.
c) Begründet, warum Ben die Formatierung genau so gewählt hat.

2 a) Untersucht **Abb. 7** und beschreibt genau die verschiedenen Textausrichtungen und Zellengrößen der Zellen (1–13).
b) Notiere die Vornamen deiner Klassenmitglieder, formatiere alle Jungennamen rechtsbündig, alle Mädchennamen linksbündig.
c) Färbe den Hintergrund der Jungen grün und den der Mädchen gelb.
d) Notiere das Alter zu jeder Person (frage noch einmal nach, wenn du dir unsicher bist). Verwende die Textausrichtung zentriert.
e) Tauscht die Plätze und überprüft gegenseitig die Formatierungen eurer Tabellen.

3 Erstellt eine Fantasie-Adressliste eurer Klasse.
a) Öffne eine neue Tabelle und gib die Überschriften wie in Bens Liste (→ **Abb. 1**) ein. Stelle die Spaltenbreite passend zu den Überschriften der ersten Zeile ein.
b) Alle gehen reihum durch die Klasse und tippen an jedem Rechner ihre Wunschadresse ein.
c) Gestalte deine Tabelle möglichst übersichtlich und speichere sie ab. Du kannst alle Möglichkeiten nutzen, die du kennengelernt hast.
d) Vergleicht die Formatierung eurer Tabellen. Was ist gut und was nicht so gut gelungen?

4 M a) Gestalte einen Geburtstagskalender (z. B. für deine Klasse) und trage die Geburtstage ein. Du kannst als Vorlage deinen Jahreskalender von **Aufgabe 2** auf **S. 45** verwenden.
b) Recherchiere im Internet, wie du eine Geburtstagserinnerung mithilfe der bedingten Formatierung erstellen kannst und baue diese in deinen Geburtstagskalender ein.

○1 ◒2 ●3, 4

Schritt für Schritt zur To-Do-Liste

1 Eine To-Do-Liste hilft dir dabei, nichts zu vergessen.

Was ist eine To-Do-Liste?

Je älter du wirst, an umso mehr Aufgaben musst du selbst denken. Damit du keine dieser Aufgaben vergisst, kannst du diese in einer Liste sammeln. Dadurch behältst du einen freien Kopf bei den einzelnen Aufgaben und kannst dich auf diese konzentrieren.

Eine To-Do-Liste erstellen

1. Schritt: Tabelle für To-Do-Liste erstellen

Öffne ein Tabellenkalkulationsprogramm und trage die Überschrift „To-Do-Liste" ein, in Spalte A die Überschrift „Aufgabe" und in Spalte B die Überschrift „Bearbeitungsstatus" (→ **Abb. 2**).

	A	B
1	To-Do-Liste	
2		
3	Aufgabe	Bearbeitungsstatus
4		
5		
6		
7		
8		
9		

2 Lege eine Tabelle an.

2. Schritt: Aufgaben in eine Tabelle eintragen

Jetzt trägst du in Spalte A alle Aufgaben, die du erledigen musst, ein (→ **Abb. 3**).

	A	B
1	To-Do-Liste	
2		
3	Aufgabe	Bearbeitungsstatus
4	Zimmer aufräumen	
5	Bücher in der Bücherei zurück geben	
6	für Mathearbeit lernen	
7	für Vokabeltest in Englisch lernen	
8	Altglas wegbringen	
9	Plakat für Religion basteln	

3 Trage deine Aufgaben in die To-Do-Liste ein.

3. Schritt: Auswahlliste anfertigen

Um eine Auswahlliste für den Bearbeitungsstatus einzurichten, markierst du die ganze Spalte und klickst im Reiter „Daten" unter „Datentools" auf „Datenüberprüfung" (→ **Abb. 4**). Wenn du jetzt im Reiter „Einstellungen" die „Liste" auswählst, kannst du im Fenster „Quelle" die Texte eingeben, die in der Liste zur Auswahl angeboten werden sollen (also z. B. die drei Zustände offen, in Bearbeitung und erledigt). Trenne die einzelnen Einträge mit einem Strichpunkt voneinander (→ **Abb. 4**).

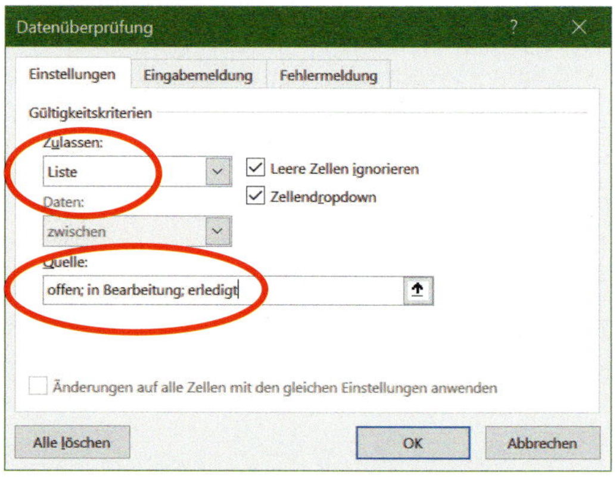

4 Erstellen einer Auswahlliste in Excel

4. Schritt: Bearbeitungsstatus mit Farben hinterlegen

Damit die Zelle sich je nach Bearbeitungsstatus von allein färbt, benutzt man die bedingte Formatierung (z. B. „noch offen" in Rot, „in Bearbeitung" in Gelb und „erledigt" in Grün). Dazu muss die entsprechende Spalte zunächst markiert werden. Mithilfe des Buttons „Bedingte Formatierung" im Reiter

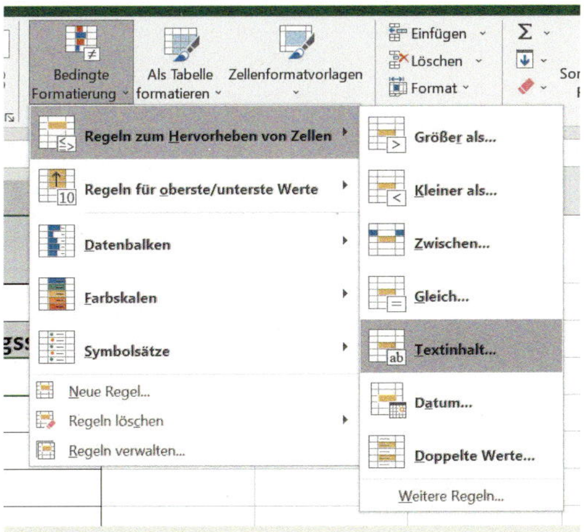

5 Bedingte Formatierung in Excel

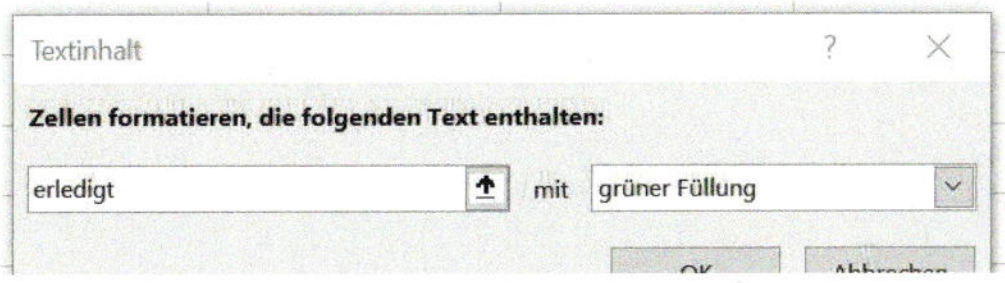

6 Alle Zellen mit dem Bearbeitungsstatus „erledigt" sollen grün ausgefüllt werden.

	A	B
1	To-Do-Liste	
2		
3	Aufgabe	Bearbeitungsstatus
4	Zimmer aufräumen	offen
5	Bücher in der Bücherei zurückgeben	erledigt
6	für Mathearbeit lernen	in Bearbeitung
7	für Vokabeltest in Englisch lernen	in Bearbeitung
8	Altglas wegbringen	erledigt
9	Plakat für Religion basteln	offen
10	Klassenarbeit Informatik unterschreiben lassen	erledigt

7 Trage die verschiedenen Bearbeitungsstatus ein.

„Start" kann man dann festlegen, welche Werte wie hervorgehoben werden sollen (→ **Abb. 5**). Da der Textinhalt je nach Bearbeitungsstatus unterschiedlich gefärbt werden soll, gibst du im Textinhaltsfenster links den entsprechenden Bearbeitungsstatus ein und rechts die gewünschte Farbe (→ **Abb. 6**).

Schritt 5: Mit der To-Do-Liste arbeiten
Wähle zu jeder Aufgabe den entsprechenden Bearbeitungsstatus aus. So siehst du immer, was du schon alles geschafft hast, und das motiviert dich, weiterzumachen (→ **Abb. 7**).

In LibreOffice Calc findest du die bedingte Formatierung im Menü „Format" → „Bedingte Formatierung".

1. Tabelle erstellen
Überschriften eintragen

↓

2. Aufgaben sammeln
Liste füllen

↓

3. Auswahlliste anfertigen
Drop-Down-Menü: offen, in Bearbeitung, erledigt

↓

4. Bedingte Formatierung
Bearbeitungsstatus mit Farben hinterlegen

↓

5. Mit To-Do-Liste arbeiten
Bearbeitungsstatus zuweisen

8 In fünf Schritten zur To-Do-Liste

das Drop-Down-Menü: eine Liste mit vorgegebenen Werten, die nach dem Klick auf einen entsprechenden Button erscheint

Merke

- **Eine To-Do-Liste hilft dir dabei, nichts zu vergessen.**
- **Gibt es eine begrenzte Anzahl von Zuständen, kannst du eine Auswahlliste erstellen.**
- **Die bedingte Formatierung bietet viele Möglichkeiten zum automatischen Hervorheben von Zellen.**

Aufgaben

1 Sammelt Aufgaben, die ihr in einer To-Do-Liste eintragen würdet.

2 Erstelle eine eigene To-Do-Liste.

3 (M) Manche Aufgaben sind wichtiger als andere. Füge in deine To-Do-Liste aus **Aufgabe 2** eine Priorisierung ein.

	A	B	C
1	To-Do-Liste		
2			
3	Aufgabe	Bearbeitungsstatus	Priorisierung
4	Zimmer aufräumen	offen	
5	Bücher in der Bücherei zurückgeben	erledigt	1 - sehr wichtig
6	Für Mathearbeit lernen	in Bearbeitung	2 - wichtig
7	Für Vokabeltest in Englisch lernen	in Bearbeitung	3 - normal
8	Altglas wegbringen	erledigt	4 - unwichtig
9	Plakat für Religion basteln	offen	
10	Klassenarbeit Informatik unterschreiben lassen	erledigt	
11			

○1 ◒2 ●3

Sortieren mit einem Tabellenkalkulationsprogramm

	A	B
1	**Einstiegsgehälter nach abgeschlossener Ausbildung**	
2		
3	**Ausbildungsberuf**	**Monatliches Gehalt nach der Ausbildung (brutto)**
4	Schreiner/in	2.280,00 €
5	Verkäufer/in	1.600,00 €
6	Kfz-Mechatroniker/in	2.900,00 €
7	Industriemechaniker/in	2.500,00 €
8	Elektroniker/in	1.800,00 €
9	Friseur/in	1.450,00 €
10	Zahnmedizinische/r Fachangestellte/r	1.600,00 €
11	Bankkaufmann/-frau	2.600,00 €
12	Stand 03/2022 Quelle: https://karrierebibel.de/einstiegsgehalt/	

1 Einstiegsgehälter nach der Ausbildung

Die Übersicht behalten

Bei der Wahl deines Ausbildungsberufes spielt das Gehalt nach der Ausbildung eine große Rolle. Je nachdem, wie viele Ausbildungsberufe für dich in Betracht kommen, kommen hierbei schnell viele Daten zusammen. Damit du dich gut zurecht finden kannst, kannst du die Datenmengen sortieren lassen.

Aufsteigend und absteigend sortieren

Mit einem Tabellenkalkulationsprogramm können Werte **aufsteigend** oder **absteigend sortiert** werden. Aufsteigend heißt, dass im Alphabet von A bis Z oder bei Zahlen von 1 bis unendlich sortiert wird. Absteigend bedeutet, dass in umgekehrter Reihenfolge sortiert wird.

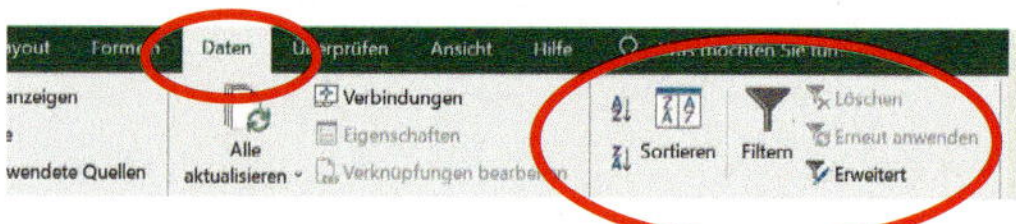

2 Werte sortieren

Werte sortieren

Klicke in die Datenreihe, die du sortieren willst. Im Reiter „Daten" findest du in der Symbolleiste den Bereich **„Sortieren und Filtern"** (→ **Abb. 2**). Hier findest du zwei Symbole (→ **Abb. 3**), mithilfe derer du nach Größen sortieren kannst: Das eine steht für „aufsteigend sortieren" und das andere für „absteigend sortieren".

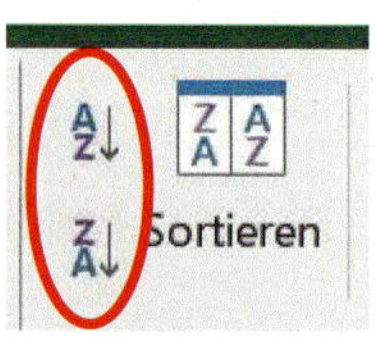

3 Hier kannst du Werte aufsteigend oder absteigend sortieren.

Mehrere Spalten zusammen sortieren

Wenn nur einige Zellen aus einer ganzen Spalte markiert wurden oder wenn nur eine Spalte aus einer Liste zum Sortieren ausgewählt wurde, fragt das Programm nach, ob nur die markierten Zellen (unabhängig von den Werten in den „Nachbarzellen") sortiert werden sollen oder ob man die Markierung erweitern möchte. Diese Möglichkeit besteht in den verschiedenen Tabellenkalkulationsprogrammen, sie sehen nur jeweils etwas anders aus (→ **Abb. 4** und **Abb. 5**).

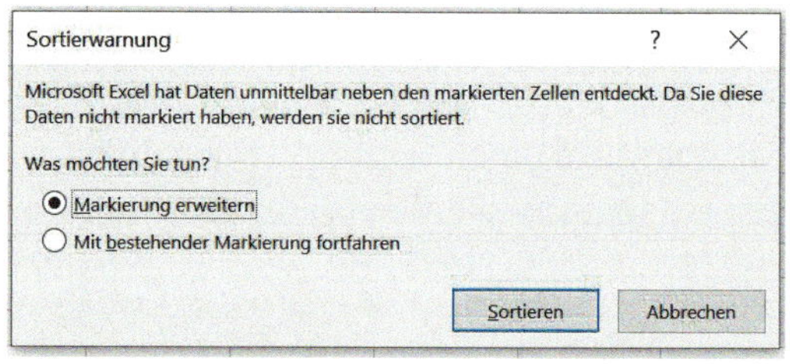

4 Sortierbereich in Excel

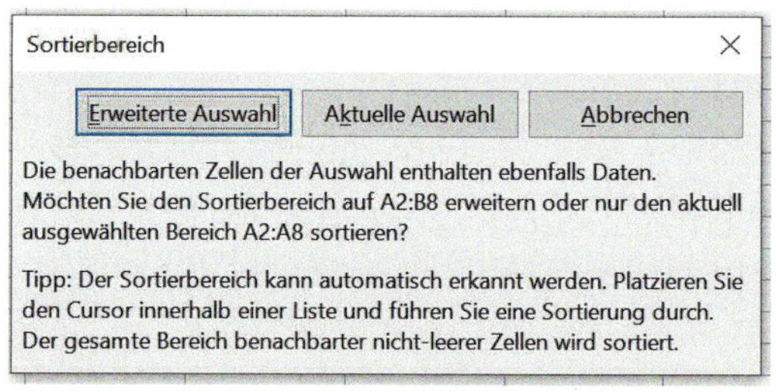

5 Sortierbereich in LibreOffice Calc

Wenn man die Markierung erweitert, werden die übrigen Zellen oder Spalten automatisch „mitsortiert". Das ist z. B. bei einer Gehaltsliste sinnvoll, denn Beruf und Gehalt gehören ja zusammen, die Gehälter sollen also mit den Berufen „mitsortiert" werden.

Sortieren für Fortgeschrittene

Das Programm bietet zahlreiche weitere Sortiermöglichkeiten an, wenn man Zellen in mehreren Spalten markiert hat und dann im Reiter „Daten" in der Symbolleiste „Sortieren und Filtern" das große Symbol „Sortieren" anklickt (→ **Abb. 6**).

Es öffnet sich ein Fenster „Sortieren“ (→ **Abb. 7**). In Excel kann man unter „Spalte“ zunächst festlegen, nach welcher Spalte die Tabelle sortiert werden soll. Im Dropdown-Menü „Sortieren nach“ kann man angeben, ob z. B. nach den eingetragenen Werten oder nach der Zellenfarbe sortiert werden soll. Bei „Reihenfolge“ kann man wählen, ob aufsteigend oder absteigend sortiert wird. Mit einem Klick auf „Ebene hinzufügen“ kann zusätzlich nach einer zweiten Spalte sortiert werden. Das ist z. B. bei einer Adressliste sinnvoll, die erst nach dem Nachnamen und dann nach dem Vornamen sortiert werden soll.
Ähnliche Möglichkeiten bietet das Fenster „Sortierung“ in Libre Office Calc (→ **Abb. 8**).

6 Hier findest du noch weitere Sortiermöglichkeiten.

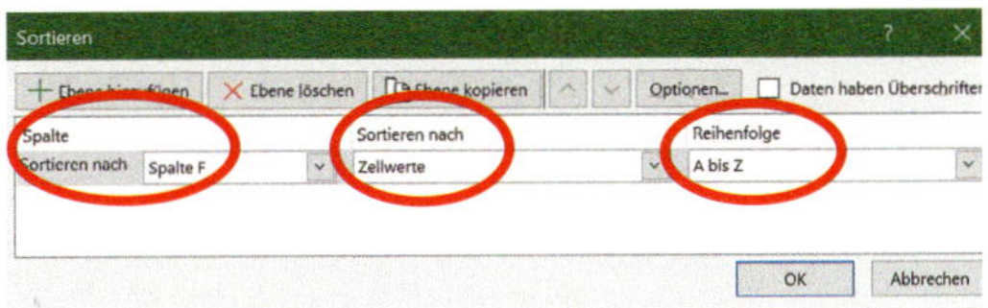

7 Im Fenster Sortieren in Excel kann man genau angeben, welche Spalten man wie sortieren möchte.

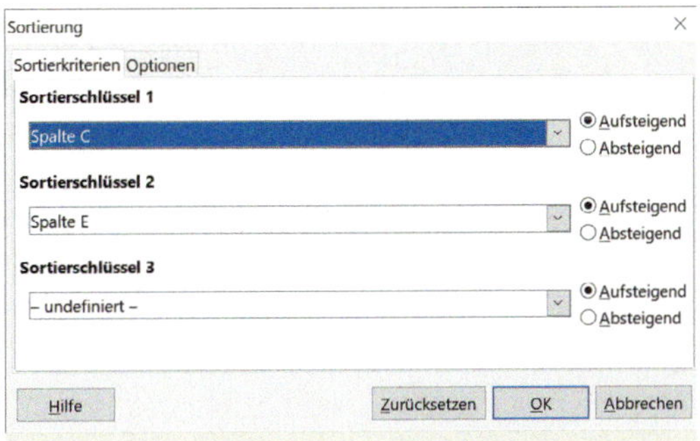

8 Im Fenster Sortierung in Calc kannst du verschiedene Sortierschlüssel auswählen.

Merke

- **In einer Spalte kann auf- oder absteigend sortiert werden.**
- **Es kann nach Zahlen oder alphabetisch sortiert werden.**
- **Man kann in einer Tabelle auch mehrere Spalten zusammen sortieren.**

Aufgaben

1 a) Diskutiert, wie ihr die Gehaltsübersicht in **Abb. 1** sortieren würdet. Beschreibt unterschiedliche Situationen, in denen unterschiedliche Sortierungen sinnvoll wären.
b) Sammelt verschiedene Möglichkeiten, wie Informationen sortiert werden können. Denkt an Orte, Sammlungen von Musiktiteln oder Bücher in der Schulbücherei.

2 a) Recherchiere im Internet das monatliche Einstiegsgehalt zu acht Berufen, die für dich in Betracht kämen.
b) Erstelle zu den von dir gefundenen Ausbildungsberufen eine Tabelle (→ **Abb. 1**).
c) Sortiere die Tabelle so, wie du es am praktischen findest.
d) Wie wirkt sich das Sortieren auf die Formatierung aus?
e) Vergleicht eure Listen. Nennt die Vor- und Nachteile der verschiedenen Sortierungen.
f) Formuliert einen Tipp zum Sortieren und Formatieren.

3 a) Sucht im Internet die Einwohnerzahlen der Teilorte oder Stadtteile eurer Gemeinde.
b) Lege eine zweispaltige Tabelle an und gib Namen und Einwohnerzahlen ein.
M c) Sortiere die Teilorte einmal nach Alphabet und einmal nach Größe. Gib jeweils ein Beispiel an, wann welche Sortierung sinnvoll wäre.

4 Manchmal sollen nur diejenigen Zeilen angezeigt werden, die in einer ausgewählten Spalte einen bestimmten Wert enthalten. Hierfür benötigst du die Funktionalität „Filtern".
a) Notiere dir zehn Filme. Recherchiere im Anschluss zu jedem Film jeweils Titel, Regisseur, FSK und Hautdarstellerin bzw. Hauptdarsteller. Lege dazu eine Tabelle an.
b) Recherchiere, wie das Filtern in einem Tabellenkalkulationsprogramm funktioniert.
c) Setze entsprechende Filter und lass dir alle Filme mit FSK ab 0, ab 12 und ab 16 anzeigen.

○1 ◒2 ●3, 4

Ich kann jetzt ...

- Einsatzmöglichkeiten für ein Tabellenkalkulationsprogramm nennen.
- ein Tabellenkalkulationsprogramm bedienen.
- mit Zellbezügen arbeiten.
- mit einem Tabellenkalkulationsprogramm rechnen.
- Formeln und Funktionen unterscheiden und anwenden.
- Tabellen sortieren und übersichtlich gestalten.
- Zahlen passend formatieren.

1 In **Abb. 1** sind bestimmte Bereiche mit Buchstaben gekennzeichnet. Nenne zu jedem Buchstaben den passenden Begriff.

2 Nenne alle Gestaltungsmöglichkeiten für eine Tabelle in einem Tabellenkalkulationsprogramm, die du kennst.

3 Da Zahlen an sich noch keine Rechnung darstellen, können Tabellenkalkulationsprogramme nicht mit ihnen rechnen. Um Rechnungen durchzuführen, musst du Formeln verwenden.
a) Erkläre, was Formeln sind. Wie muss eine Formel eingegeben werden, damit ein Tabellenkalkulationsprogramm sie als solche erkennt?
b) Erkläre, was man unter Zellbezug versteht. Gib ein Beispiel.
c) Beschreibe, worin der Vorteil von Berechnungen mit Zellbezügen liegt.

1 Eine Tabelle aus einem Tabellenkalkulationsprogramm

4 Das automatische Ausfüllen ist praktisch, aber nur etwas für Könner!
a) Beschreibe, wie man vorgehen muss, um Zellen automatisch mit einer Formel auszufüllen.
b) Erkläre, wie sich bei einer Formel der Zellbezug verändert, wenn man sie automatisch nach unten ausfüllt.
c) Wie kann man verhindern, dass sich der Zellbezug beim Ausfüllen nach unten ändert? Erkläre und gib ein Beispiel.

5 Es gibt in der Tabellenkalkulation verschiedene Funktionen.
a) Nenne vier Funktionen, die du kennengelernt hast.
b) Beschreibe, was diese vier Funktionen jeweils ausgeben.
c) Nenne mindestens eine Anwendungsmöglichkeit zu jeder der vier Funktionen.

6 Entscheide, ob die folgenden Aussagen zum Thema „Funktionen“ richtig oder falsch sind. Schreibe die richtigen und die verbesserten Aussagen auf.
(1) Formeln und Funktionen sind das Gleiche.
(2) Bei Funktionen muss man die vorgefertigten Rechnungen nur mit Argumenten füllen.
(3) Funktionen findet man in der Funktionsbibliothek.

(4) Die Funktion MIN() gibt die größte Zahl des gewählten Bereichs aus.

7 Maria möchte mit einem Tabellenkalkulationsprogramm einen Preisnachlass berechnen. Leider erscheint eine Fehlermeldung (→ **Abb. 2**). Wo liegt der Fehler? Kannst du ihr helfen?

C3 | =A3*B3

	A	B	C
1			
2	Preis	Rabatt in %	Rabatt in €
3	120 Euro	30,00 %	#WERT!

2 Fehlersuche

8 a) Öffne ein Tabellenkalkulationsprogramm und lege eine Ausgabenübersicht über monatliche Kosten wie in **Abb. 3** an.
b) Formatiere die Zellen entsprechend (Text, Datum, Währung in Euro).
c) Füge mithilfe der bedingten Formatierung bei den Kosten folgende Hintergründe ein:
- grün bei Werten unter 7 Euro,
- gelb bei Werten zwischen 7 und 15 Euro,
- rot bei Werten über 15 Euro.

d) Berechne die Gesamtausgaben mithilfe der Funktion SUMME().

	A	B	C
1			
2	***August***		
3			
4	**Ausgabe**	**Datum**	**Kosten**
5	T-Shirt	3. Aug.	29,99 €
6	Schwimmbad	6. Aug.	3,30 €
7	Handyrechnung	15. Aug.	14,99 €
8	Pizza	18. Aug.	9,90 €
9	Eis	26. Aug.	2,20 €
10	Hose	31. Aug.	49,99 €
11			
12		Gesamtausgaben:	

3 Ausgabenübersicht

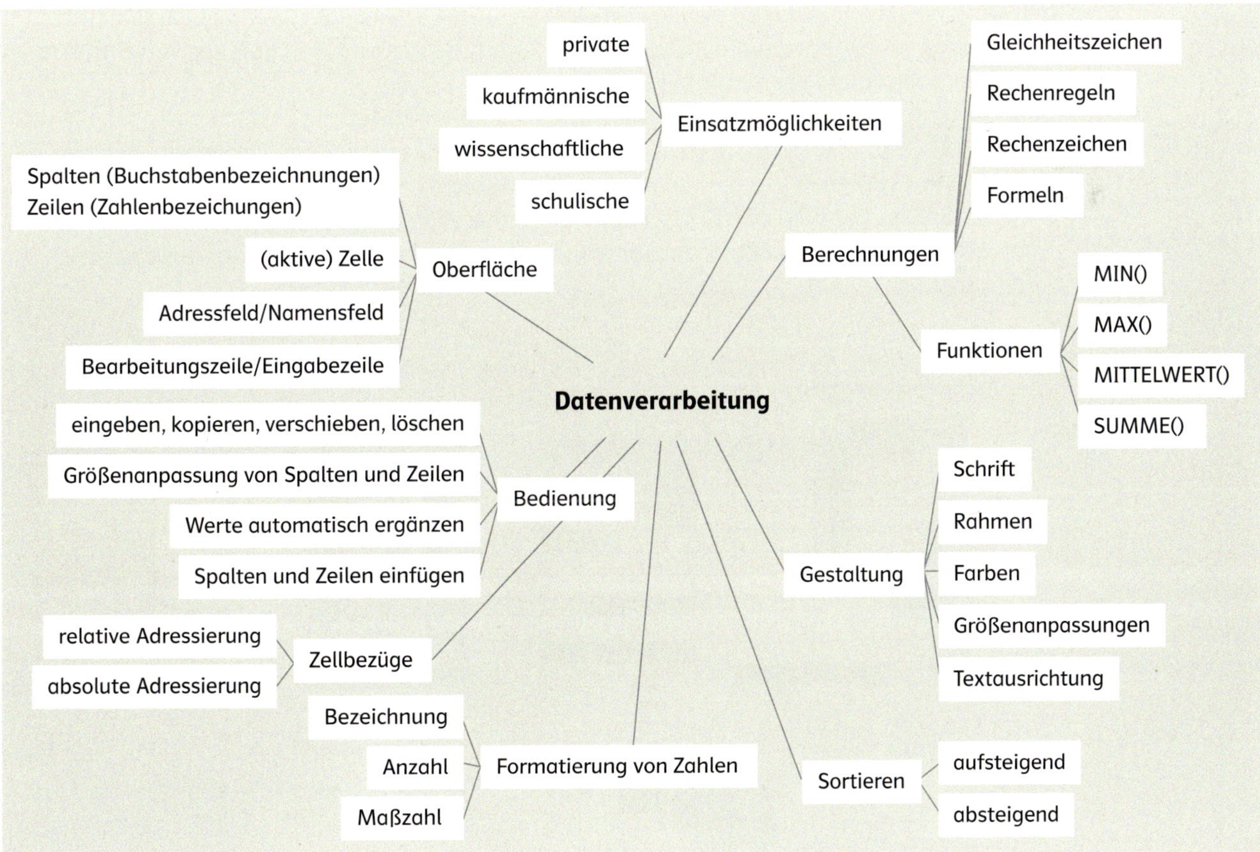

4 Die wichtigsten Themen des Kapitels im Überblick

„Schiffe versenken“

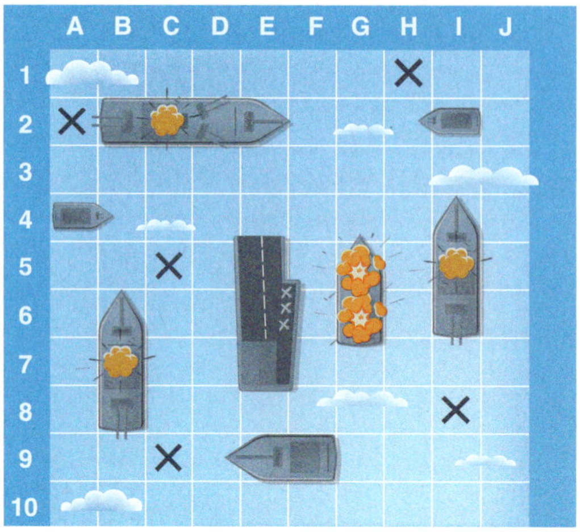

1 Das Spiel „Schiffe versenken“

„Schiffe versenken" ist sicher eines der bekanntesten Spiele überhaupt. Egal, ob es auf kariertem Papier oder als Brettspiel gespielt wird, das Prinzip ist immer dasselbe: Wer die Schiffe des Gegners als Erster versenkt hat, gewinnt. Weil die Positionen der Schiffe über Koordinaten angegeben werden, kann man das Spiel sehr gut mit einem Tabellenkalkulationsprogramm nachbauen und spielen.

Spielregeln (2 Spieler)

→ Jeder Spieler benötigt ein 10 x 10 Kästchen großes Spielfeld, welches das jeweilige „Kampfgebiet“ (→ **Abb. 2**) darstellt.

→ Jeder setzt zunächst alle Schiffe in sein eigenes Spielfeld (auf der linken Seite). Jeder Spieler besitzt:

- 1 Flugzeugträger (5 Felder)
- 2 Fregatten (4 Felder)
- 2 Zerstörer (3 Felder)
- 3 Minenräumer (2 Felder)

→ Beim Setzen der Schiffe müssen folgende Spielregeln eingehalten werden:

- Die Schiffe müssen in einer Linie gesetzt werden, d.h., sie dürfen nicht über Ecke gesetzt werden.
- Die Schiffe dürfen nicht diagonal gesetzt werden.

→ Der jüngere Spieler beginnt. Er nennt seinem Gegner eine Koordinate (z.B. A7). Wenn er damit ein Schiff getroffen hat, darf er noch einmal raten. Trifft er nur Wasser, ist der Mitspieler an der Reihe. Wenn alle Teile eines Schiffes getroffen wurden, sagt der Besitzer des Schiffes „versenkt“.

→ Das Spiel endet, wenn ein Spieler alle Schiffe des anderen Spielers versenkt hat.

Spielvarianten

Es gibt verschiedene Varianten, „Schiffe versenken“ zu spielen. Folgende weitere Regeln müssen die beiden Spieler vor Spielbeginn gemeinsam untereinander ausmachen.

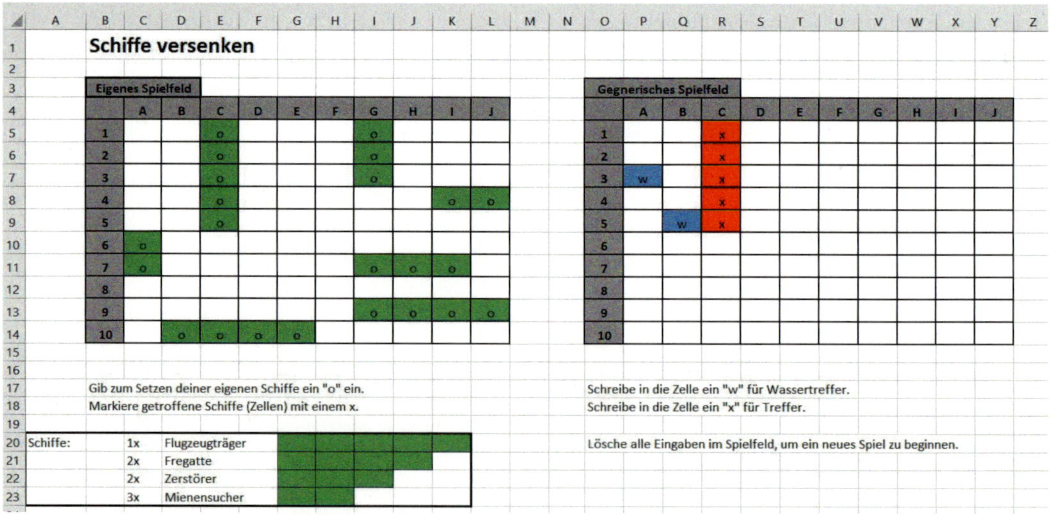

2 C5 – Treffer – versenkt!

→ Dürfen die Schiffe aneinandergebaut werden oder müssen sie mindestens ein Kästchen dazwischen Platz haben.
→ Wenn ein Spiel mal schneller gehen soll: Jeder Spieler darf mehrmals hintereinander schießen, auch wenn er nicht getroffen hat. Die Anzahl der Schüsse entspricht der Anzahl der Schiffe, die noch nicht versenkt wurden.
→ Um die Länge eines Spieles zu variieren, kann auch die Anzahl der Schiffe verändert werden.

Das Spiel „Schiffe versenken“ gestalten

Um das Spiel in einem Tabellenkalkulationsprogramm gestalten zu können, benötigst du das Wissen von verschiedenen Seiten aus diesem Kapitel.
Im Spiel kannst du die Zellen entweder mit dem Farbeimer farblich markieren (→ **Abb. 3**) oder das erlernte Wissen zur bedingten Formatierung anwenden.

Du benötigst die bedingte Formatierung, damit du nicht immer jede Zelle neu einfärben musst, sondern nur einen Buchstaben einzugeben brauchst und das Färben dann von ganz alleine passiert (→ **Abb. 2**). Je nach Textinhalt soll sich der Zellhintergrund in eine andere Farbe färben. Die nötige Funktion findest du unter dem Reiter „Start“ im Bereich „Formatvorlagen“.

Wenn du alle Regeln in der bedingten Formatierung gesetzt hast und dann doch nochmal etwas ändern möchtest, kannst du dies unter „Regeln verwalten“ tun.

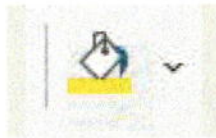

3 Die einfache Variante, Zellen zu färben

Merke

- **Mit einem Tabellenkalkulationsprogramm lassen sich Spiele, wie z. B. „Schiffe versenken", erstellen.**
- **Mit der bedingten Formatierung kann das Spiel Rückmeldungen geben.**
- **Die Zelladressen entsprechen den Koordinaten der Schiffe.**

Aufgaben

1 a) Lege in einer neuen Tabelle zwei Spielfelder an. Verwende in waagerechter Richtung die Buchstaben A–J und in senkrechter Richtung die Zahlen 1 bis 10.
b) Verändere die Zellgrößen so, dass alle Zellen ungefähr gleich groß sind.
c) Formatiere den Hintergrund und die Schrift wie in **Abb. 2**.
d) Schreibe unter die „Spielfelder“, was jeder Spieler eingeben muss (→ **Abb. 2**).

2 a) Füge in beiden Spielfeldern bedingte Formatierungen so ein, dass bei der Eingabe bestimmter Zeichen die Zellen entsprechend eingefärbt werden. Verwende im Gegnerfeld für Wasser: „w“ und blauen Hintergrund, für Treffer: „x“ und roten Hintergrund.
Auf deinem eigenen Spielfeld markierst du deine Boote mit „o“ in deiner Lieblingsfarbe.
b) Verteile deine Schiffe auf deinem eigenen Spielfeld.
c) Spielt gegeneinander. Je nach Antwort deines Mitspielers gibst du im Gegnerfeld „w“ für Wasser oder „x“ für Treffer ein.
d) Bei der zweiten Runde müsst ihr nur alle Eingaben von den Spielfeldern entfernen und die Schiffe neu verteilen.

3 Verändere die bedingten Formatierungen so, dass die Buchstaben w, x und o nach der Eingabe nicht mehr sichtbar sind.

4 a) Recherchiere zu Strategien beim Spiel „Schiffe versenken“.
b) Spielt gegeneinander eine Partie.

5 a) Welche Spiele kennt ihr noch, die sich in einem Tabellenkalkulationsprogramm umsetzen lassen? Sammelt gemeinsam Ideen.
b) Setze eine dieser Ideen um.

○1 ◒2, 4 ●3, 5

Mein persönlicher Vokabeltrainer

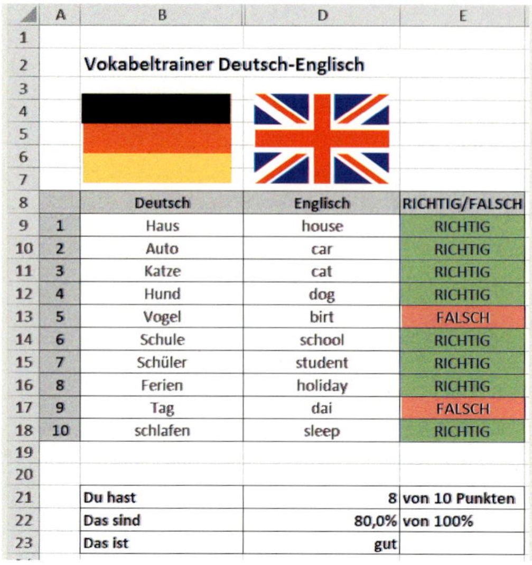

	A	B	D	E
1				
2		Vokabeltrainer Deutsch-Englisch		
8		Deutsch	Englisch	RICHTIG/FALSCH
9	1	Haus	house	RICHTIG
10	2	Auto	car	RICHTIG
11	3	Katze	cat	RICHTIG
12	4	Hund	dog	RICHTIG
13	5	Vogel	birt	FALSCH
14	6	Schule	school	RICHTIG
15	7	Schüler	student	RICHTIG
16	8	Ferien	holiday	RICHTIG
17	9	Tag	dai	FALSCH
18	10	schlafen	sleep	RICHTIG
19				
20				
21		Du hast	8	von 10 Punkten
22		Das sind	80,0%	von 100%
23		Das ist	gut	

1 So könnte dein Vokabeltrainer aussehen.

Praktisch: Der Vokabeltrainer

Diese verflixten Vokabeln! Man kann natürlich Karteikärtchen benutzen, um sie so oft zu wiederholen, bis sie wirklich sitzen. Vielen macht das Lernen am PC aber mehr Spaß. Mit einem Tabellenkalkulationsprogramm kannst du dir deinen eigenen Vokabeltrainer erstellen – sogar mit automatischer Kontrollfunktion! Sie zeigt dir sofort an, ob deine Eingabe richtig oder falsch war. Damit kannst du vor allem die richtige Schreibung der Wörter sehr gut üben. Das Tabellenkalkulationsprogramm kann sogar noch mehr. Wenn du nicht nur Rückmeldung haben möchtest, ob die Vokabel richtig oder falsch geschrieben ist, dann kannst du noch eine Notengebung einbauen.
Du kannst dir den Vokabeltrainer für jede Sprache erstellen. Hier siehst du einen für Englischvokabeln (→ **Abb. 1**).

Deinen persönlichen Vokabeltrainer gestalten

Um deinen Vokabeltrainer zu gestalten, benötigst du das Wissen von verschiedenen Seiten aus diesem Kapitel.
Ein wichtiger Schwerpunkt ist hier die WENN-Funktion. Zur Kontrolle, ob etwas richtig oder falsch ist, und zur Prozent- und Notenberechnung benötigst du die WENN-DANN-SONST-Funktion. Die Funktion sieht wie folgt aus: WENN(Bedingung; Dann; Sonst). Wichtig ist, dass Text in diesem Fall in Anführungszeichen gesetzt werden muss (→ **Abb. 2**).

```
=WENN(D9=C9;"RICHTIG";"FALSCH")
```

2 WENN-DANN-SONST-Funktion

Um am Ende herauszufinden, wie viele Punkte du hast, musst du deine richtigen Antworten zählen (→ **Abb. 3**). Gib dazu folgende Funktion in die Zelle D 21 ein:

```
=ZÄHLENWENN(E9:E18;"RICHTIG")
```

3 ZÄHLENWENN-Funktion

Bei der Notenberechnung benötigst du übrigens mehrere „Wenns“ (→ **Abb. 4**).

```
=WENN(D22>=90%;"sehr gut";WENN(D22>=
70%;"gut";WENN(D22>=50%;"befriedigend";
WENN(D22>=30%;"ausreichend";WENN(D22>
=10%;"mangelhaft";"ungenügend")))))
```

4 So könnte z.B. eine Formel für die Notenberechnung aussehen.

Damit die richtigen Ergebnisse automatisch grün und die falschen Ergebnisse rot hinterlegt werden, benötigst du die bedingte Formatierung (→ **Abb. 6**). Denke daran, zuerst alle Zellen, die formatiert werden sollen, zu markieren. In Excel findest du die bedingte Formatierung im Reiter „Start“ und in Libre Office unter „Format“. Wenn dir keine Vorlage gefällt, dann kannst du dir auch deine eigene „neue Vorlage“ erstellen.

Prozentrechnung

Falls du nicht mehr genau weißt, was es mit Prozent auf sich hat, hier ein kurzer Exkurs. Prozente sind Brüche mit dem Nenner 100 (1%=1/100=0,01). Damit du das Prozentzeichen in der Tabelle siehst und die Zahl rich-

tig dargestellt wird, musst du diese Zelle entsprechend formatieren.
Du berechnest die Prozentzahl, indem du die erreichten Punkte durch die möglichen Punkte teilst (→ **Abb. 5**).

Lösungen ausblenden

Damit die richtigen Lösungen nicht zu sehen sind, musst du die Spalte mit den Lösungen ausblenden. Markiere hierzu die Spalte C und blende sie aus, indem du mit der rechten Maustaste auf die Spalte klickst und „Ausblenden“ wählst.

Wörterbuch

Woher bekommst du die Vokabeln für dein Training? Hier hast du verschiedene Möglichkeiten. Du kannst diese z. B. aus deinem aktuellen Englischbuch entnehmen oder im Internet eines von vielen Wörterbüchern verwenden. Internetwörterbücher haben oft auch den Vorteil, dass du dir die Wörter vorlesen lassen kannst und dadurch auch gleich noch die richtige Aussprache lernst.

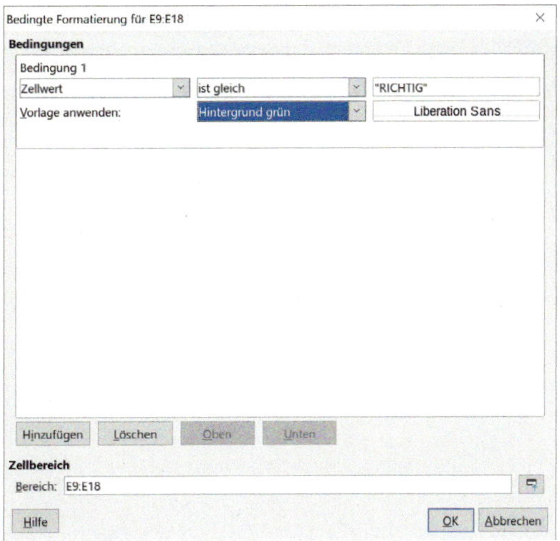

6 Bedingte Formatierung in LibreOffice Calc

5 Erreichte Punkte/ mögliche Punkte

Merke

- **Mit einem Tabellenkalkulationsprogramm kannst du auch Vokabeln üben.**
- **Vom Programm erhältst du Rückmeldung, ob die Vokabel richtig oder falsch ist.**
- **Du kannst dir sogar eine Note für das Training anzeigen lassen.**

Aufgaben

1 Erstelle deinen eigenen Englisch-Vokabeltrainer.
a) Öffne eine neue Tabelle und füge die Überschrift entsprechend ein.
b) Trage in die erste Spalte (Spalte B im Beispiel) alle Wörter ein, die du üben willst.
b) Schreibe in die nächste Spalte (C) die passenden Vokabeln. Überprüfe genau, ob du sie richtig geschrieben hast, sonst funktioniert der Vokabeltrainer nicht! Diese Spalte wird zum Schluss ausgeblendet.
d) Lass die Spalte D frei. Dort gibst du später die Vokabeln ein.

2 **a)** Füge in die Zelle neben der ersten Eingabe-Zelle (im Beispiel ist es E9) die Funktion WENN ein. Du findest sie unter Logik.
b) Unter den Funktionsargumenten gibst du bei Prüfung „B8=C8“ ein, bei Dann_Wert schreibst du „RICHTIG“ und bei Sonst_Wert „FALSCH“ in das entsprechende Eingabe-Fenster.
c) Fülle die Formeln nach unten automatisch aus.
d) Klärt gemeinsam, wie die WENN-Funktion hier genau funktioniert.

3 **a)** Markiere die Spalte C und blende sie aus. (rechte Maustaste – Ausblenden)
b) Füge in Spalte E eine bedingte Formatierung ein. Bei dem Zellwert „RICHTIG“ soll eine grüne Hintergrundformatierung, bei „FALSCH“ eine rote Hintergrundformatierung erscheinen.
c) Gestalte dein Tabellenblatt ansprechend.

4
a) Tauscht die Plätze und gebt die richtigen Vokabeln in Spalte D ein. Überprüft bei FALSCH-Meldungen zuerst, ob das Wort in Spalte C richtig geschrieben ist.
b) Was für Noten hättet ihr für eure Leistungen bekommen?

5 Erstelle nach dem gleichen
M Prinzip ein Arbeitsblatt mit Mathe-Aufgaben.

○1 ◐2-4 ●5

3

Programmieren

Als Programmier-Neuling ist man häufig sehr mit dem eigenen Code beschäftigt. Wo finde ich den richtigen Programmier-Block? Warum tut das Programm nicht das, was ich möchte? Das sind Fragen, die man sich häufig stellt. Doch ein Programm schreibt man eigentlich fast nie für sich alleine – denn das Programm soll am Ende ja von einer Nutzerin oder einem Nutzer verwendet werden. Deswegen sollte man beim Programmieren immer auch diese Perspektive einnehmen. Es hilft außerdem, wenn man sein Programm von einer anderen Person testen lässt.

Wusstest du, dass ...

- es Menschen gibt, deren Beruf es ist, Computerprogramme zu testen?
- sich viele Softwareentwickler das Programmieren selbst beigebracht haben?
- ein Teenager die weltweit beliebteste Webseite zur Nachverfolgung der Coronavirus-Zahlen programmiert hat?
- blockbasierte Sprachen, die ähnlich aufgebaut sind wie Scratch, auch immer häufiger in der Industrie eingesetzt werden?

Ich werde ...

- Objekte in Scratch erstellen und programmieren.
- Wiederholungen und Verzweigungen programmieren und ineinander schachteln.
- Programme testen und optimieren.
- eigene Blöcke in Scratch erstellen.
- eigene Bühnenbilder malen.
- Vergleichsoperatoren verwenden.
- Daten mithilfe von Variablen speichern.
- die Datenstruktur „Liste“ kennenlernen.

Der interaktive Donut

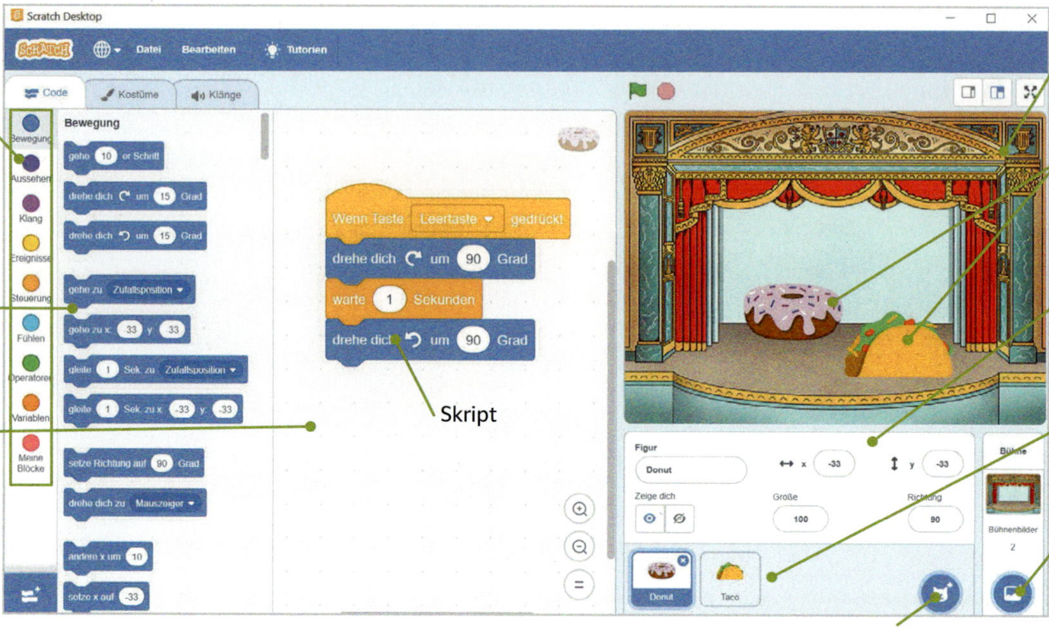

1 Der Donut reagiert auf die Eingabe des Nutzers.

Programmieren mit Blöcken

Aus den letzten Schuljahren weißt du bereits, wie man in ↗ **Scratch** programmiert. Programme schreibt man, indem man verschiedene **Programmier-Blöcke** miteinander kombiniert. Um eine Figur zu programmieren, musst du sie zuerst in der **Figurenleiste** anklicken. Danach kannst du Blöcke aus der **Blockpalette** in den **Programmierbereich** ziehen und dort zu einem **Skript** zusammensetzen (→ **Abb. 1**). Auf der **Bühne** führt die Figur die Handlung aus, die du für sie programmiert hast.

Der Algorithmus im Hintergrund

Hinter jedem Programm steht ein ↗ **Algorithmus**. Dieser beschreibt einen bestimmten Ablauf und besteht aus einzelnen **Befehlen**, die nacheinander ausgeführt werden. Alle Befehle müssen eindeutig und verständlich formuliert sein. Zudem ist wichtig, dass sie sich in der richtigen Reihenfolge befinden. Sobald man einen Algorithmus in einer Programmiersprache beschreibt, kann er von einem Computer ausgeführt werden. Diesen Vorgang nennt man auch ↗ **Implementierung**.

der Befehl: In der Programmierung auch als Anweisung, Instruktion oder Kommando bekannt

Wann startet welches Skript?

Der Donut in **Abb. 1** reagiert auf eine **Eingabe**: Wenn der Nutzer des Programms die Leertaste drückt, dreht er sich ein Stück nach rechts und wieder zurück nach links. Diese Eingaben heißen in Scratch **Startereignisse**. Du kannst in deinem Programm verschiedene Startereignisse verwenden, die jeweils einen anderen Ablauf in Gang setzen. Eine Möglichkeit, um einen solchen Ablauf zu planen, ist das Anfertigen eines ↗ **Struktogramms** (→ **Abb. 2**).

Größenwechsel

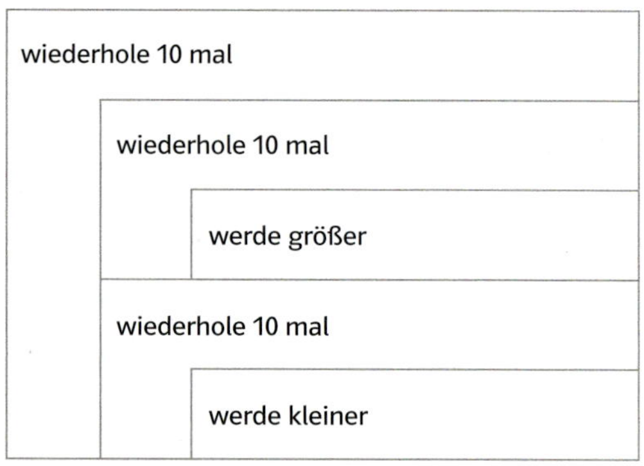

2 Struktogramm zum Ablauf „Größenwechsel“

Wenn du für verschiedene Skripte einer Figur das gleiche Startereignis verwendest, werden diese parallel ausgeführt. Dabei kann es zu Störungen kommen.

Wiederholungen

Im Ablauf, der in **Abb. 2** dargestellt ist, werden Anweisungen wiederholt ausgeführt. Solche ↗ **Wiederholungen** kannst du auch in Scratch programmieren. Die dafür notwendigen Blöcke findest du im Blockbereich „Steuerung". Wenn wie in **Abb. 2** eine oder mehrere Wiederholungen in eine vorhandene Wiederholung eingefügt werden, nennt man das **Schachtelung**.

Abläufe koordinieren

Mithilfe von **Nachrichten** kannst du Handlungen von verschiedenen Figuren aufeinander abstimmen. Zum Beispiel kann der Donut am Ende eines Skripts eine Nachricht senden. Eine andere Figur kann diese Nachricht als Startereignis verwenden (→ **Abb. 3**).

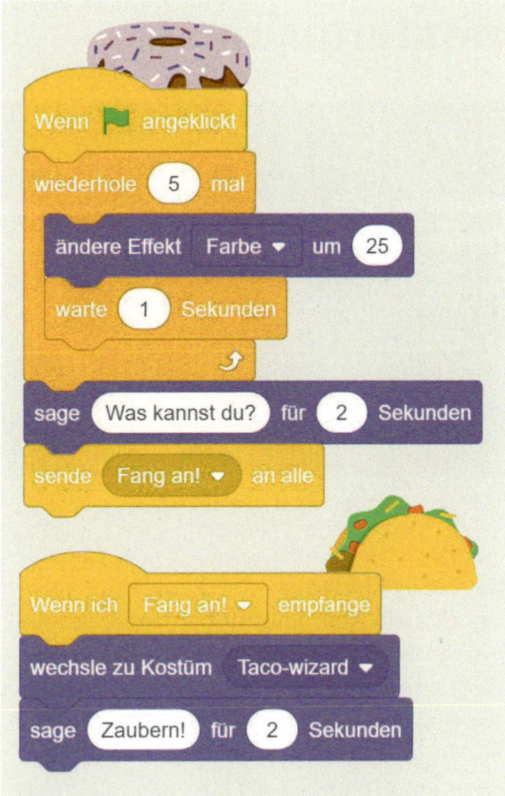

3 Der Donut sendet ein Signal, das vom Taco empfangen und als Startereignis verwendet wird.

Merke

- **Das Umsetzen eines Algorithmus in eine Programmiersprache nennt man Implementierung.**
- **Jedes Skript reagiert auf ein Startereignis.**
- **Man kann Wiederholungen auch ineinander schachteln (Schachtelung).**

Aufgaben

1 Was ist der Unterschied zwischen einem Algorithmus und einem Programm? Erkläre!

2 a) Öffne Scratch und füge die Figuren aus **Abb. 1** ein. Wähle ein passendes Bühnenbild.
b) Programmiere für den Donut das Skript in **Abb. 1**. Was passiert, wenn du die Leertaste drückst?

3 Setze den Ablauf aus **Abb. 2** für den Donut um. Wähle dafür ein anderes Startereignis.

4 Programmiere für den Donut und den Taco die Skripte aus **Abb. 3**. Beschreibe in eigenen Worten, was passiert, wenn du die grüne Flagge anklickst.

5 M a) Fügt eine dritte Figur ein und überlegt euch einen Ablauf, den die neue Figur ausführen soll. Zeichnet ein passendes Struktogramm.
b) Implementiert den Ablauf in Scratch.

6 Wie geht man beim Programmieren in Scratch vor? Beschreibt dies mit den Begriffen im Wortspeicher.

Wortspeicher
- Figur
- Figurenleiste
- Blöcke
- Programmierbereich
- Bühne
- Startereignis

○2, 3 ◒1, 4 ●5, 6

Hindernislauf I

1 Der Hund springt über das Hindernis.

Berührt oder nicht?

Je nachdem, ob der Hund die Kugel berührt oder nicht, sollen unterschiedliche Dinge passieren:

- Hund berührt die Kugel
  → Kugel stoppt
- Hund berührt die Kugel nicht
  → Kugel rollt weiter

Diese Struktur lässt sich in deinem Programm mit einer ↗ **bedingten Anweisung** umsetzen (→ **Abb. 5**).

Rollendes Hindernis

Der Hund in **Abb. 1** hat mit einem rollenden Hindernis zu kämpfen. Die gelbe Kugel bewegt sich fortlaufend von der rechten Seite der Bühne zur linken Seite (→ **Abb. 2**). Um der Kugel auszuweichen, muss der Hund in die Höhe springen. Falls der Hund die Kugel berührt, ist das Spiel verloren – das ganze Programm stoppt.

Springen auf Kommando

Um dem Hindernis auszuweichen, muss der Hund nach oben springen. Da es in Scratch keinen eigenen Block für das Springen gibt, muss die Bewegung auf eine andere Art programmiert werden.
Infrage kommen dafür Blöcke aus dem Blockbereich „Bewegung“ (→ **Abb. 3**). Eine Möglichkeit für die Animation der Sprungbewegung ist in **Abb. 4** als Struktogramm abgebildet.

2 Skript für die Bewegung der Kugel

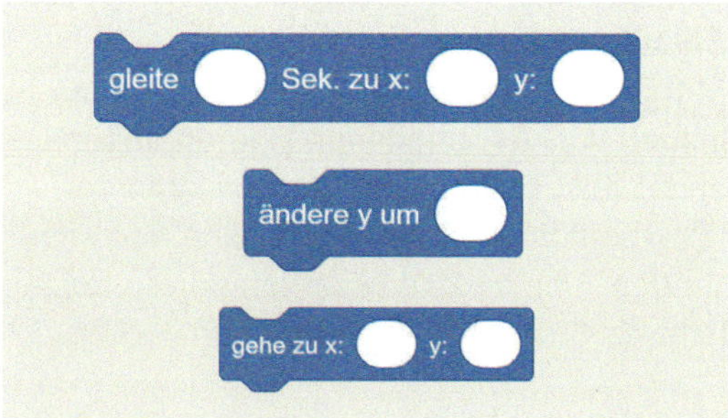

3 Mögliche Blöcke für die Animation der Sprungbewegung des Hundes

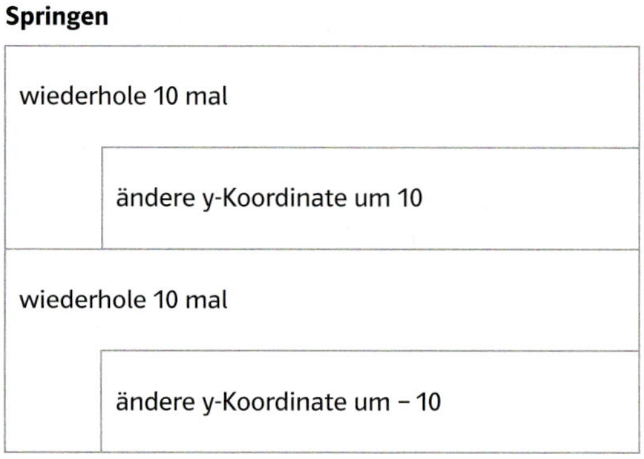

4 Sprungbewegung des Hundes als Struktogramm

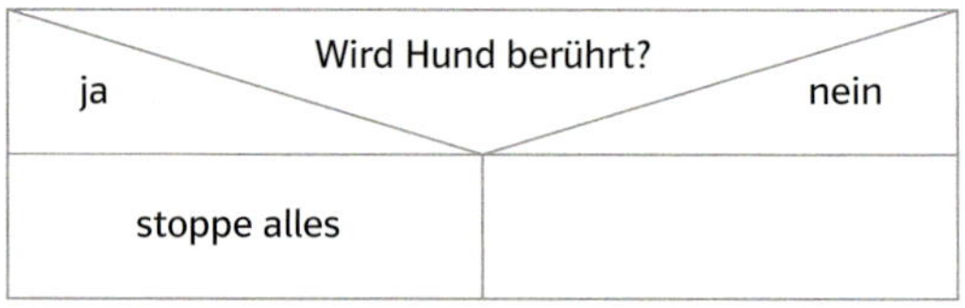

5 Bedingte Anweisung als Struktogramm

Bedingungen in Scratch

In Scratch kannst du eine bedingte Anweisung mit dem **„falls-dann"-Block** implementieren (→ **Abb. 6**). Der Block innerhalb der bedingten Anweisung wird nur ausgeführt, wenn die Bedingung erfüllt ist. Da die Kugel permanent prüfen soll, ob sie den Hund berührt, musst du zusätzlich eine **Endloswiederholung** verwenden. Hier werden also gleich mehrere algorithmische Strukturen ineinander **geschachtelt**.

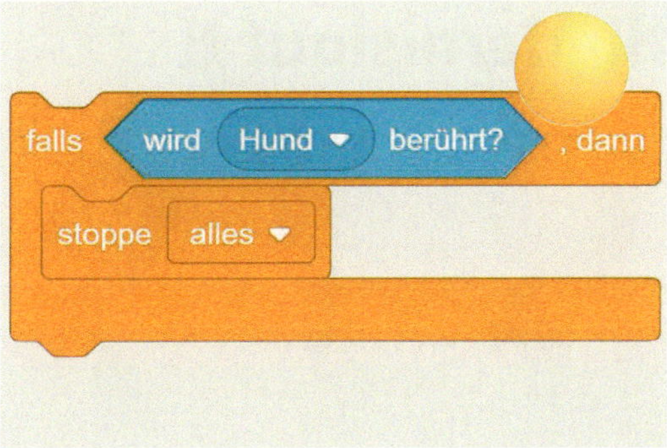

6 Die Kugel stoppt, sobald sie den Hund berührt.

Wie funktioniert das?

Damit jeder weiß, wie dein Spiel funktioniert, kannst du eine neue Figur als Hilfe erstellen. Wenn man diese anklickt, erklärt sie kurz und bündig die Regeln des Spiels (→ **Abb. 7**). Mithilfe von „sage-für-Sekunden"-Blöcken, kannst du dem Nutzer z. B. das Ziel des Spiels oder die Steuerung der Figuren erklären. Hilfreich ist außerdem ein Hinweis, wie man das Spiel beginnt.

7 Ein Hilfe-Button erleichtert die Nutzung des Programms.

Merke

- **Häufig gibt es mehrere Möglichkeiten, eine Handlung zu programmieren.**
- **Wenn eine Handlung nur unter einer bestimmten Bedingung ausgeführt werden soll, verwendet man eine bedingte Anweisung.**
- **Durch eine Anleitung erleichtert man die Nutzung des Programms.**

Aufgaben

1 a) Öffne Scratch und wähle einen Hintergrund aus, der zu einer Weltraumszene passt.
b) Füge den Astronautenhund und die Kugel als Figuren ein.
c) Programmiere die Kugel so, dass sie fortlaufend die Bühne überquert (→ **Abb. 2**).

2 Programmiere den Hund so, dass er nach oben springt.

3 a) Schaut euch das Struktogramm in **Abb. 4** genau an. Um wie viele Einheiten wird der Hund jeweils verschoben?
b) Überlegt, wie man die „wiederhole"-Blöcke vermeiden könnte. Wie könnte das Skript noch lauten?

4 a) Implementiere für die Kugel die Verzweigung aus **Abb. 5/6**.
b) Was könnte noch passieren, wenn der Hund die Kugel berührt? Ergänze das Skript.

5 a) Erstelle eine neue Figur als Hilfe-Button (→ **Abb. 7**).
b) Notiert euch, welche weiteren Informationen für die Nutzerinnen und Nutzer eures Spiels wichtig sein könnten.
c) Programmiere den Hilfe-Button so, dass er die wichtigsten Informationen mitteilt. Verwende das Startereignis „Wenn diese Figur angeklickt".

6 Ihr habt in eurer Freizeit sicher schon verschiedene Spiele auf dem Smartphone oder am Computer gespielt. Sammelt, wie euch die Spielregeln mitgeteilt wurden.

7 a) Sammelt Ideen, wie ihr
M den Hindernislauf leichter oder schwieriger gestalten könnt.
b) Setzt eine Idee in Scratch um.
c) Stellt euch eure Ergebnisse vor.

○ 1, 3, 6 ◐ 2, 4, 5 ● 7

Hindernislauf II

1 Je nach Geschicklichkeit erreichen die Spieler eine andere Punktzahl.

Motivation für die Spieler

In einem Spiel hat das Sammeln von Punkten eine große Bedeutung. Es ist das Ziel der meisten Spiele, eine hohe Punktzahl zu erreichen – Punkte sind also ganz wesentlich für die Motivation der Spielerinnen und Spieler. Es ist außerdem möglich, dass man gesammelte Punkte wieder verliert, wenn man die Spielregeln nicht einhält.

Punkte für den Hund

Mit einer ↗ **Variablen** lässt sich der aktuelle Punktestand speichern. In dem Skript in **Abb. 2** wird der Punktestand zu Beginn des Spiels zurückgesetzt. Setzt man den Block aus **Abb. 3** unter das Skript für die Sprungbewegung des Hundes, wird der Punktestand nach jedem Sprung erhöht.

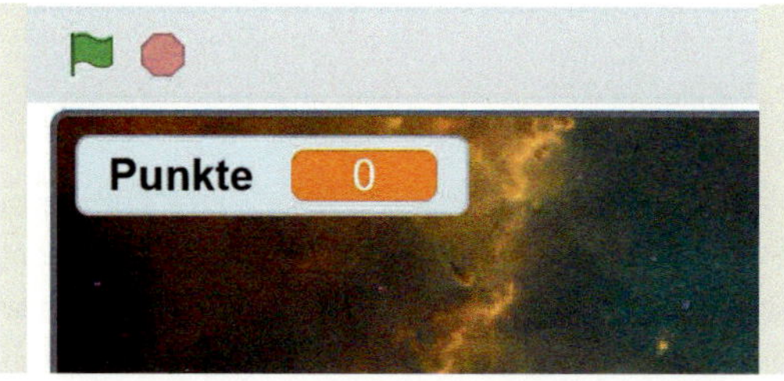

2 Zu Beginn des Spiels wird der Punktestand auf 0 gesetzt.

3 Die Variable „Punkte" wird um 1 erhöht.

Die Variable bekommt einen Wert

Du kannst dir eine Variable vorstellen wie eine Schublade oder eine Schachtel, in die man eine Information hineinlegen kann, z. B. eine Zahl oder ein Wort. Sobald man etwas in die Schachtel hineinlegt, weist man der Variablen einen Wert zu. Dieser **Variablenwert** kann sich zwar im Laufe des Programmablaufs ändern, er kann aber immer nur einen einzigen Wert annehmen. In deinem Hindernislauf verändert sich der Variablenwert z. B. nach jedem Sprung (→ **Abb. 3**).

Passendes Etikett

Damit man weiß, welchen Wert eine Variable speichert, braucht sie einen passenden Namen – die Schachtel bekommt sozusagen ein Etikett. Diesen Namen nennt man auch **Bezeichner**. Jeder Variablenname sollte einfach verständlich sein. So kannst du auch nach einiger Zeit schnell erkennen, welchen Wert die Variable speichert. Auch wenn eine andere Person mit deinem Programm weiterarbeiten möchte, ist es hilfreich, wenn alle Bezeichner selbsterklärend sind.

Eine Variable in Scratch anlegen

Wenn du im Blockbereich „Variablen" auf die Schaltfläche „Neue Variable" klickst, öffnet sich ein neues Fenster (→ **Abb. 4**). Hier kannst du eine neue Variable anlegen und benennen. Diesen Vorgang nennt man auch ↗ **Instanziierung**.

*Beim Anlegen einer neuen Variablen legt man ihren Gültigkeitsbereich fest (→ **Abb. 4**). Legst du sie für alle Figuren an, können der Variablen auch andere Figuren im Programm Werte zuweisen oder auf sie zugreifen. Wählst du „Nur für diese Figur" aus, kann das nur die Figur, die du gerade in Scratch ausgewählt hast.*

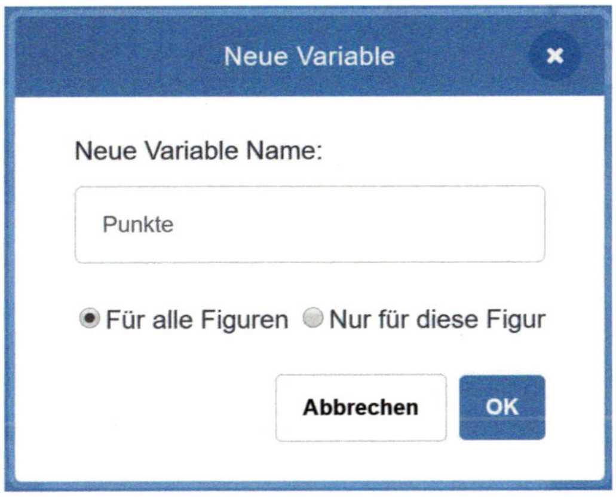

4 Beim Anlegen einer Variablen vergibt man einen Bezeichner und wählt ihren Gültigkeitsbereich aus.

5 Skript für die Implementierung eines Timers: Mittels einer Wiederholung mit fester Anzahl verringert sich der Wert der Variablen pro Sekunde.

Die Zeit ist aus

Neben dem Punktestand lassen sich in Variablen auch andere Werte speichern, z. B. die zur Verfügung stehende Zeit (→ **Abb. 5**). Der Variablen „Zeit" wird zu Beginn des Spiels ein bestimmter Wert zugewiesen. Dieser verringert sich jeweils nach einer Sekunde.

Merke

- **Variablen sind bei Spielen wichtig für die Motivation der Nutzer.**
- **Jede Variable braucht einen eindeutigen und selbsterklärenden Bezeichner.**
- **Der Wert einer Variablen kann sich im Laufe des Programms verändern.**

Aufgaben

1 a) Öffne deinen Hindernislauf von **S. 70/71** in Scratch.
b) Instanziiere die Variable „Punkte".
c) Erstelle ein Skript, mit dem der Punktestand zu Beginn des Spiels auf 0 gesetzt wird (→ **Abb. 2**).

2 Nach jedem Sprung bekommt der Hund einen Punkt. Ergänze sein bestehendes Skript.

3 a) Im Spiel soll es auch Strafpunkte geben. Verändert das bestehende Skript der Kugel so, dass dem Hund ein Punkt abgezogen wird, sobald er die Kugel berührt.
b) Wie könnt ihr sicherstellen, dass bei jeder Berührung nur ein Punkt abgezogen wird?

4 Warum ist es wichtig, dass beim Anlegen der Variablen „Punkte" der Gültigkeitsbereich „Für alle Figuren" ausgewählt wird? Begründe.

5 Untersuche das Skript in **Abb. 5**. Welche Werte musst du verändern, wenn die Spielzeit auf 30 Sekunden erhöht werden soll?

6 a) Instanziiere die Variable „Zeit".
b) Programmiere für den Hund das Skript aus **Abb. 5**.

7 a) Sammelt Ideen, welche
M Variable ihr in eurem Hindernislauf zusätzlich verwenden könnt.
b) Setzt eine Idee in Scratch um.

8 Erkläre mithilfe der Begriffe im Wortspeicher die wichtigsten Schritte beim Verwenden von Variablen.

Wortspeicher
- Variablenwert
- Instanziierung
- Bezeichner
- Gültigkeitsbereich

○1, 2 ◐3–6 ●7, 8

Geht's noch besser?

1 Smileys helfen bei der Bewertung.

Bewerten gehört zum Alltag

Hat Ihnen der Film gefallen? Würden Sie das Buch weiterempfehlen? Wie viele Punkte geben Sie dem Podcast? Das Bewerten von Dingen begegnet dir in deinem Alltag immer häufiger. Bewertet wird je nach Plattform in Form von Sternen, Punkten oder Smileys (→ **Abb. 1**). Häufig werden auch Schulnoten vergeben oder du kannst den berühmten Daumen nach oben bzw. unten anklicken.

Blick von außen

Wenn du in Scratch eigene Spiele programmierst, testest du diese vermutlich immer zuerst selbst. Erst wenn alles so funktioniert, wie es soll, kannst du das Spiel von einer anderen Person auf Verbesserungen hin untersuchen lassen. Dieser Person solltest du im Vorfeld so wenig wie möglich erklären.

Chance zur Verbesserung

Besonders wenn man sehr viel Zeit und Mühe in die Entwicklung eines Spiels gesteckt hat, kann negatives Feedback im ersten Moment etwas kränkend sein. Denke jedoch immer daran, dass die Rückmeldungen nicht persönlich gemeint sind und nur zur Verbesserung deines Programms beitragen sollen. Achte selbst darauf, dass du Feedback nie beleidigend formulierst. Nenne zunächst immer deinen Kritikpunkt, begründe ihn und gib dann konkrete Vorschläge zur Verbesserung des Programms.

1. Schritt: Motivation

Grundlegend für jedes Spiel ist, dass man es gerne spielen möchte. Das hört sich zwar ganz selbstverständlich an, ist jedoch nicht immer der Fall. Jedes Spiel sollte ein bestimmtes Ziel haben, auf das man als Spielerin oder Spieler hinarbeitet. Das kann z. B. das Erreichen einer bestimmten Punktzahl oder einer Ziellinie sein (→ **Abb. 2**).

2 Der Affe muss sein Ziel, die Banane, erreichen.

2. Schritt: Bedienung

Wenn man sein eigenes Spiel programmiert, weiß man natürlich ganz genau, wie man das Spiel startet oder die einzelnen Figuren steuert. Andere Spielerinnen und Spieler wissen das nicht unbedingt. Auf **S. 70/71** kannst du nachlesen, wie man einen Hilfe-Button in das Spiel einbaut. Dieser kann sämtliche Informationen zu dem Spiel weitergeben, z. B. was das Ziel ist, wie viele Spielerinnen und Spieler es gibt oder wie man die Figuren steuert.

3. Schritt: Figurenauswahl

Auch die Auswahl der Figuren kann die Qualität deines Programms beeinflussen. Dazu zählt z. B., ob die Figuren zu ihrer Rolle im Spiel und dem jeweiligen Spielkontext passen (→ **Abb. 3**). Ist der Kontext des Spiels eine Wüstenszene, sind Eisbären und Pinguine vermutlich eher fehl am Platz.

3 Welche Figur passt?

4. Schritt: Service

Für die Spielerin oder den Spieler ist es angenehm, wenn sie oder er durch das Spiel geführt wird. Wenn z. B. die Zeit abgelaufen ist, ist es hilfreich, wenn ihm das auch mitgeteilt wird. Dazu kannst du ein entsprechendes Skript im Programmierbereich der Spielfigur anlegen oder sogar eine extra Figur erstellen (→ **Abb. 4**). Für die Spielerin oder den Spieler ist es außerdem praktisch, wenn automatisch alles wieder auf Anfang gesetzt wird und man direkt noch einmal spielen kann.

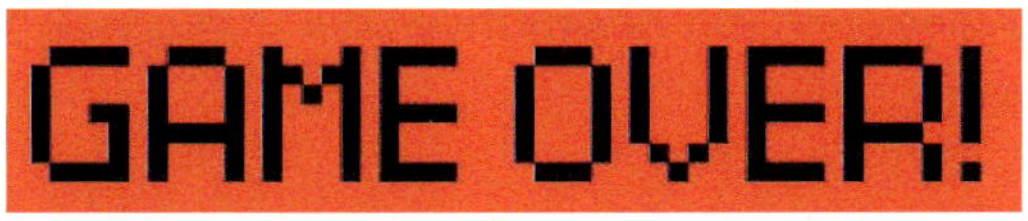

4 Die Figur erscheint, wenn das Spiel verloren ist.

5. Schritt: Schwierigkeit

Nichts ist demotivierender als ein Spiel, in dem man die ganze Zeit nur scheitert. Gerade zu Beginn ist es wichtig, dass die Spielerin oder der Spieler schnell erste Erfolgserlebnisse hat. Gib ihr oder ihm also lieber zunächst etwas mehr Zeit oder setze die Geschwindigkeit herab. Zu einfach sollte das Spiel jedoch auch nicht sein. Eine Variante ist, für ein Spiel mehrere Level zu erstellen, die sich in der Schwierigkeit unterscheiden.

1. Schritt: Motivation
- Was ist das Ziel des Spiels?
- Ist das Ziel motivierend?
- Erkennt die Spielern oder der Spieler das Ziel des Spiels?

↓

2. Schritt: Bedienung
- Ist für die Spielerin oder den Spieler klar, wie sie oder er seine Spielfigur steuert?
- Passt die gewählte Art der Steuerung?
- Bei zwei Spielern: Ist es problemlos möglich, das Spiel zu zweit zu spielen?

↓

3. Schritt: Figurenauswahl
- Passen die Figuren zum Spielszenario?
- Sind die Figuren für die einzelnen Rollen im Spiel, z. B. Ziel oder Gegner, gut gewählt?

↓

4. Schritt: Service
- Wird die Spielerin oder der Spieler durch das Spiel geführt?
- Ist es möglich, ohne viel Aufwand gleich nochmal zu spielen?

↓

5. Schritt: Schwierigkeit
- Ist das Spiel zu einfach oder zu schwer?
- Gibt es unterschiedliche Level?

5 Wichtige Schritte bei der Bewertung von Spielen

Merke

- **Ein Blick von außen kann helfen, dein Programm zu verbessern.**
- **Feedback sollte wertschätzend und nie beleidigend formuliert sein.**
- **Konkrete Verbesserungsvorschläge helfen den Programmierenden am meisten.**

Aufgaben

1 a) Sammelt gemeinsam Alltagssituationen, in denen euer Feedback abgefragt wird.
b) Fallen euch Situationen ein, in denen ihr von jemandem Feedback bekommt?

2 a) Denkt an einige Spiele, die ihr privat gerne spielt. Was motiviert die Spielerinnen und Spieler darin?
b) Sammelt eure Ergebnisse.
c) Welche Möglichkeit zur Motivation gibt es in Scratch?

3 Überlegt gemeinsam, welche Rolle die Figuren in **Abb. 3** in einem Spiel einnehmen könnten oder für welches Spielszenario sie geeignet sind. Begründet eure Überlegungen.

4 a) Wählt ein Spiel auf der Scratch-Entdecken-Seite aus und bewertet es anhand des Schemas aus **Abb. 5.**
b) Macht euch Notizen zu den Schritten und sammelt Verbesserungsvorschläge.

5 Notiert euch, was bei der Bewertung noch nicht berücksichtigt wurde und euch aber wichtig wäre.

6 Erstellt ein Plakat für euer Klassenzimmer, auf dem die wichtigsten Punkte zur Bewertung von Spielen für alle sichtbar aufgelistet sind.

Quizmaster

1 Der Quizmaster stellt knifflige Fragen.

Fragerunde

Der Quizmaster Frank hat ganz unterschiedliche Fragen auf Lager (→ **Abb. 1**). Er prüft automatisch, ob deine eingetippten Antworten richtig oder falsch sind. Die Anzahl der richtigen Antworten wird in einer passenden Variablen gespeichert.

Auf jede Frage eine Antwort

Mithilfe des „frage-und-warte"-Blocks in **Abb. 2** kann die Spielerin oder der Spieler des Quiz selbst eine Antwort eingeben. Du findest ihn im Blockbereich „Fühlen". Die eingetippte Antwort kann danach weiter verwendet werden. Es ist zum Beispiel möglich, dass die eingetippte Antwort einer Variablen als Wert zugewiesen wird. Dafür musst du aber zuerst eine entsprechende Variable anlegen.

2 Skript für den Quizmaster

Verzweigung

Der Quizmaster prüft nun, ob die richtige Antwort eingetippt wurde. Mit dem „falls-dann-sonst"-Block kannst du das Struktogramm aus **Abb. 3** implementieren. Je nachdem, ob die Antwort richtig oder falsch ist, werden unterschiedliche Anweisungen ausgeführt. Diese Struktur heißt auch bedingte Anweisung mit **Alternative** oder ↗ **Verzweigung**.

Wahr oder falsch?

Für das Prüfen der Antwort brauchst du einen ↗ **Vergleichsoperator** (→ **Abb. 4**). Du findest den grünen Block im Blockbereich „Operatoren". Er prüft, ob die eingefügten Werte gleich sind und gibt als Ergebnis einen sogenannten **Wahrheitswert** zurück. Wenn sie gleich sind, gibt der Block den Wert „**wahr**" zurück. Wenn sie nicht gleich sind, gibt er den Wert „**falsch**" zurück.

↗ Datentypen

Die Variablen in deinem Programm können ganz unterschiedliche Werte speichern. Während die Variable „richtige Antworten" eine Zahl speichert, können andere Variablen auch Ketten aus Buchstaben speichern. Zum Beispiel könntest du auch eine Variable „Antwort Frage Hauptstadt" anlegen und ihr die jeweilige Antwort als Wert zuweisen.

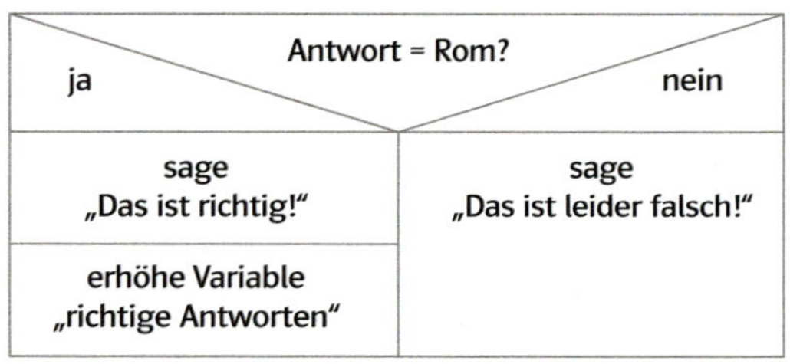

3 Verzweigung für das Skript des Quizmasters als Struktogramm

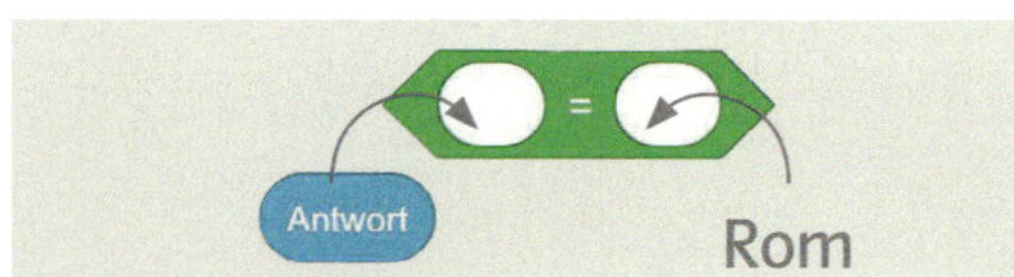

4 Der Vergleichsoperator wird befüllt.

Gute Planung ist wichtig

Bei all den Fragen verliert man leicht den Überblick. Zur Planung deines Programms, schreibst du dir am besten im Vorfeld alle Fragen und die dazugehörigen richtigen Antworten auf (→ **Abb. 5**). Für die Implementierung ist es außerdem wichtig, dass du dir überlegst, in welcher Reihenfolge die Fragen gestellt werden sollen. Ein ↗ **Struktogramm** kann bei der Planung helfen.

Wie heißt die Hauptstadt von Italien?
Antwort: Rom
Wie viele Bundesländer hat Deutschland?
Antwort: 16
Wie heißt der höchste Berg Deutschlands?
Antwort: Zugspitze
Wie heißt der längste Fluss Deutschlands?
Antwort: Rhein

5 Quiz-Planung

Für jede Frage ein eigener Block

Damit das Skript für deinen Quizmaster nicht zu lang wird, kannst du für jede Frage einen **eigenen Block** erstellen (→ **Abb. 6**). Außerdem kannst du so die Reihenfolge der Fragen auch im Nachhinein ganz einfach abändern und neue Fragen hinzufügen. Wenn du im Blockbereich „Meine Blöcke" auf die Schaltfläche „Neuer Block" klickst, kannst du deinen Block bennenen und im Anschluss im Programmierbereich definieren (→ **Abb. 6**). Solche Blöcke, die andere Blöcke zusammenfassen, nennt man auch ↗ **Methoden**. Du kannst Methoden auch als Unterprogramme verstehen.

6 Jeder pinke Block steht für eine Methode.

Merke

- **Ein Vergleichsoperator prüft, ob eine Aussage wahr oder falsch ist.**
- **Das Anlegen von eigenen Blöcken (Methoden) macht das Programm übersichtlicher.**
- **Jede Variable hat einen bestimmten Datentyp, z. B. eine Zahl oder eine Buchstabenkette.**

Aufgaben

1 a) Öffne Scratch und füge eine Figur als Quizmaster ein. Wähle einen Hintergrund für die Szene aus.
b) Instanziiere eine neue Variable „richtige Antworten".
c) Lege einen neuen Block „Frage Italien" an. Benutze für das Definieren des Blocks die Blöcke aus **Abb. 2**.
d) Implementiere im gleichen Skript die Verzweigung aus **Abb. 3**. Setze in den „falls-dann-sonst"-Block den Vergleichsoperator aus **Abb. 4** ein.

2 Implementiere die anderen Fragen aus **Abb. 5**. Lege auch hier jeweils einen neuen Block an.

3 Erstelle ein Skript für den Quizmaster, das die Reihenfolge der Fragen koordiniert und die Variable auf 0 setzt (→ **Abb. 6**).

4 M a) Entwickelt gemeinsam einen Plan für ein neues Quiz (→ **Abb. 5**). Wählt Fragen aus einem Fach eurer Wahl aus.
b) Setzt euren Plan gemeinsam in Scratch um. Vergesst nicht, eure Programme zu testen.
c) Tauscht eure Plätze mit einer anderen Gruppe. Testet und bewertet die Programme gegenseitig nach dem Schema auf **S. 75**.
d) Verbessert eure Programme mithilfe der Rückmeldung der anderen Gruppe.

5 a) Sammelt Ideen, um welche Funktionen man eure Programme erweitern könnte.
b) Setzt eine Idee in eurem Quiz um.
c) Stellt euch eure Ergebnisse vor.

○1 ◒2, 3 ●4, 5

Rateglück

1 Der Drache versperrt den Weg.

Durchgang versperrt
Ein Drache versperrt den Weg zum Schloss (→ **Abb. 1**). Er gibt den Weg nur frei, wenn man die Zahl errät, an die er gerade denkt. Er ist aber nicht zu streng, wenn du nicht gleich die richtige Zahl erwischst: Er gibt Tipps, ob deine Antwort zu hoch oder zu niedrig war. Natürlich hat man dabei nicht unendlich viele Versuche – das wäre ja zu einfach!

Zufällige Zahlen
Für die Zahl des Drachens musst du zunächst eine neue Variable anlegen. Dieser Variablen wird gleich zu Beginn des Programms ein bestimmter Wert zugewiesen (→ **Abb. 2**). Damit du als Spielerin oder Spieler nicht weißt, an welche Zahl der Drache denkt, darf die Variable auf der Bühne nicht sichtbar sein. Außerdem kannst du hier mit einer **Zufallszahl** arbeiten. Du findest den grünen Block im Blockbereich „Operatoren". Mithilfe der Zufallszahl ändert sich die gesuchte Zahl bei jedem Start des Programms.

2 Der Variablen „gesuchte Zahl" wird ein zufälliger Wert zwischen 1 und 10 zugewiesen.

Frage und Antwort
Damit der Nutzer eine Zahl eingeben kann, muss der Drache zuerst danach fragen. Dafür verwendest du in deinem Programm den „frage-und-warte"-Block aus dem Blockbereich „Fühlen" (→ **Abb. 3**). In einem ersten Schritt wird nun programmiert, was passiert, wenn man die Zahl direkt richtig errät. In einer bedingten Anweisung wird überprüft, ob die Antwort dem Wert der Variablen „gesuchte Zahl" entspricht. An dieser Stelle kommt wieder der grüne **Vergleichsoperator** zum Einsatz.

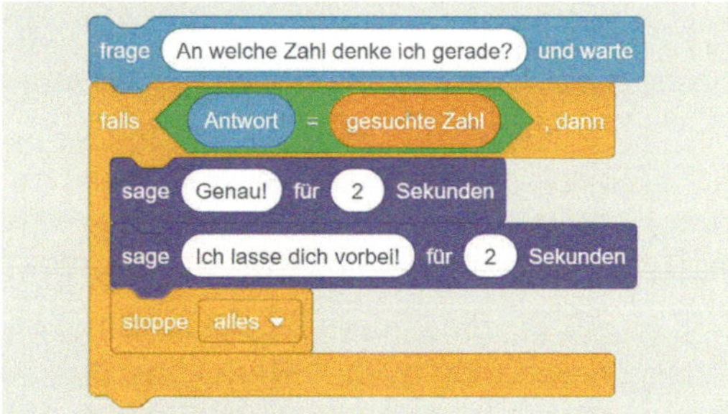

3 Das Skript prüft, ob die eingetippte Zahl der Variablen „gesuchte Zahl" entspricht.

Größer oder kleiner?
Um zu überprüfen, ob die eingegebene Zahl größer als die gesuchte Zahl ist (→ **Abb. 4**), kannst du wieder einen Vergleichsoperator verwenden. In diesem Fall brauchst du den Operator mit dem Größer-als-Zeichen (→ **Abb. 5**).

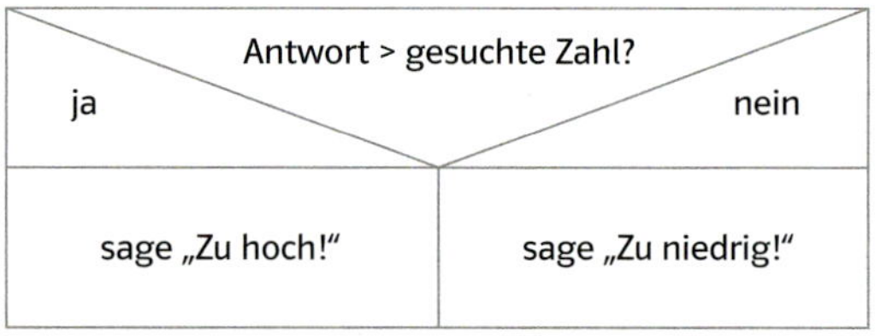

4 Verzweigung für das Skript des Drachen als Struktogramm

5 Der Vergleichsoperator prüft, ob die Antwort größer als die gesuchte Zahl ist.

Wieder zum Anfang

Im ↗ **Flussdiagramm** in **Abb. 6** ist der komplette Ablauf deines Programms abgebildet. Momentan hat die Spielerin oder der Spieler unendlich viele Versuche, die Zahl zu erraten. Falls er die Zahl nicht auf Anhieb errät, bekommt er einen Tipp und der Drache fragt erneut nach der Zahl. Bei einer Zufallszahl von 1 bis 10 landet man in diesem Fall spätestens nach zehn Versuchen bei der richtigen Antwort.

Versuche begrenzen

Damit die Spielerin oder der Spieler nur eine begrenzte Anzahl an Rateversuchen hat, musst du eine Wiederholung mit fester Anzahl in dein Skript einbauen. Setze dafür die Wiederholung um das Skript aus **Abb. 3** und die darauffolgende Verzweigung. Die Anzahl der Wiederholungen entspricht nun der Zahl der Versuche.

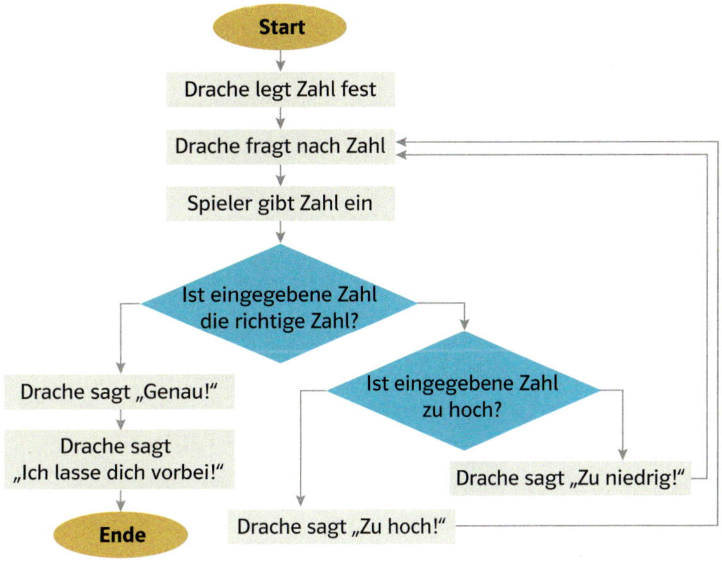

6 Ablauf des Programms als Flussdiagramm

Merke

- **In Scratch gibt es einen Operator für Zufallszahlen.**
- **Es gibt Vergleichsoperatoren, die prüfen, ob ein Wert größer oder kleiner als ein anderer Wert ist.**
- **Flussdiagramme geben einen guten Überblick über komplexe Programme.**

Aufgaben

1 a) Der Drache denkt an die Zahl 8. Ermittle mithilfe des Flussdiagramms in Abb. 6, was passiert, wenn der Spieler eine 2 eintippt.
b) Was passiert, wenn der Spieler eine 8 eintippt?
c) Stellt gemeinsam Vermutungen an, wie eine gute Taktik aussehen kann, um schnell die richtige Zahl zu finden.

2 a) Öffne Scratch und füge eine Figur ein, die den Weg versperrt. Wähle einen passenden Hintergrund für die Szene aus.
b) Instanziiere eine neue Variable „gesuchte Zahl". Sie darf nicht auf der Bühne angezeigt werden.

3 a) Erstelle ein Skript, das der Variablen „gesuchte Zahl" eine Zufallszahl von 1 bis 10 zuweist (→ **Abb. 2**).
b) Ergänze darunter die Blöcke aus **Abb. 3**.

4 Implementiere im gleichen Skript die Verzweigung aus **Abb. 4**. Verwende dafür den Vergleichsoperator aus **Abb. 5**.

5 a) Ergänze das Skript des Drachen so, dass der Spieler nur fünf Versuche hat, die gesuchte Zahl zu erraten. Hinweise dazu findest du im Text.
b) Überlegt gemeinsam, wie man das Ratespiel schwerer oder leichter gestalten könnte.

6 M a) Sammelt Ideen, in welchen Zusammenhängen man Zufallszahlen in Scratch noch verwenden könnte.
b) Setzt eine Idee um.
c) Stellt euch eure Ergebnisse vor.

7 Erkläre mithilfe der Begriffe im Wortspeicher, wo man die Vergleichsoperatoren in Scratch findet und wie sie sich unterscheiden.

Wortspeicher
- Operatoren
- Blockbereich
- Größer-als-Zeichen
- Kleiner-als-Zeichen
- Gleichheitszeichen

○1, 2 ◒3–5 ●6, 7

Käfer-Rallye I

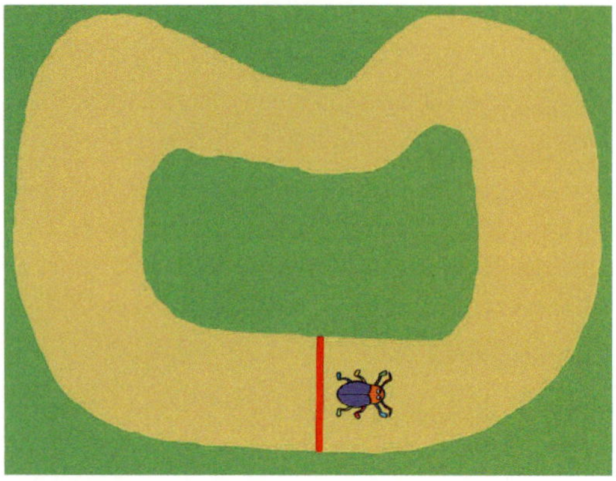

1 Der Käfer darf nur auf der Rennstrecke laufen.

Käfer auf Kurs

Um den Käfer in **Abb. 1** auf der Bahn zu halten, ist Geschick notwendig. Er bewegt sich automatisch nach vorne und du kannst ihn nur durch das Drehen nach links oder rechts steuern. Das Spiel ist gewonnen, sobald der Käfer die rote Ziellinie erreicht. Berührt der Käfer jedoch die grüne Fläche, endet das Spiel.

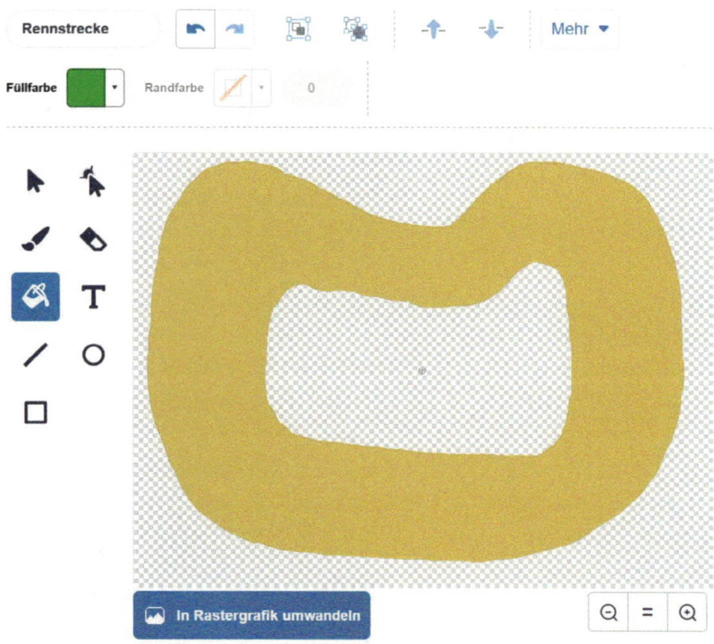

2 Oberfläche des Malprogramms in Scratch

Malen in Scratch

In Scratch gibt es verschiedene Möglichkeiten zum Malen. Zum einen kannst du Figuren so programmieren, dass sie eine Linie auf der Bühne hinterlassen. Zum anderen kannst du eigene Figuren oder Bühnenbilder malen. In Scratch steht dir dafür eine **Maloberfläche** zur Verfügung, in der du mit verschiedenen Werkzeugen kreativ werden kannst (→ **Abb. 2**).

Auf die Plätze

Zu Beginn des Spiels muss die Spielfigur auf die richtige Startposition gesetzt werden (→ **Abb. 3**). Somit wird auch nach einem Spielversuch alles automatisch wieder auf Anfang gesetzt. Wenn man eine Figur auf seine Ausgangssituation zurücksetzt, bezeichnet man das in der Informatik als ↗ **Initialisierung**.

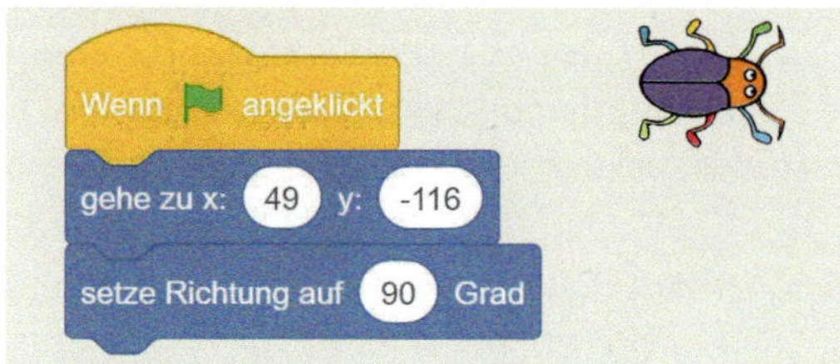

3 Skript für die Initialisierung des Käfers

Immer nach vorne

Der Käfer in unserem Spiel bewegt sich automatisch nach vorne. Er stoppt erst, sobald er die rote Ziellinie erreicht. Sein Skript muss also prüfen, ob er die Farbe Rot berührt oder nicht (→ **Abb. 4**). Für die Implementierung kannst du eine ↗ **bedingte Anweisung** oder eine **bedingte Wiederholung** verwenden (→ **Abb. 5**).

Wird Farbe Rot berührt? ja	Wird Farbe Rot berührt? nein
stoppe alles	gehe 2er-Schritt

4 Der Käfer läuft nach vorne bis er die Farbe Rot berührt.

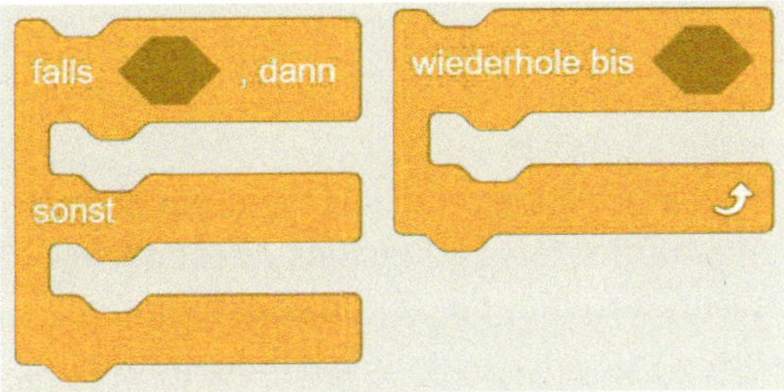

5 Möglichkeiten für die Implementierung einer Bedingung in Scratch

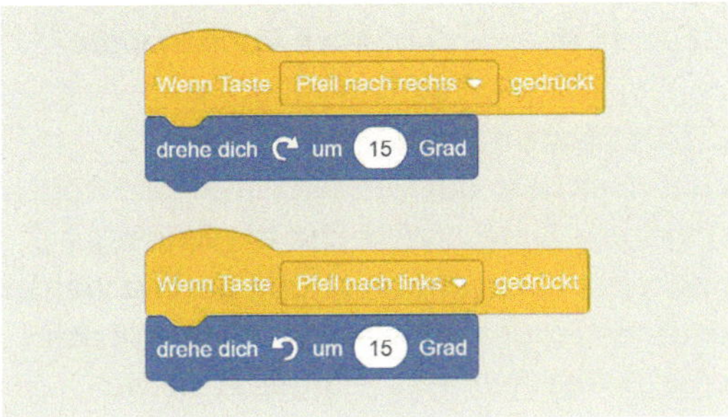

6 Skripte für die Steuerung des Käfers

Noch auf der Bahn?

Die Schwierigkeit des Spiels besteht darin, den Käfer auf der Bahn zu halten. Dein Programm muss also prüfen, ob er bereits den Bereich des Rasens berührt oder nicht. Hierfür kannst du eine bedingte Anweisung verwenden, die prüft, ob der Käfer die Farbe des Rasens berührt. Ist dies der Fall, kannst du das Programm stoppen oder den Käfer direkt auf deine Startposition zurücksetzen.

Der Käfer kratzt die Kurve

Die Figur in unserer Rallye bewegt sich automatisch nach vorne. Um den Käfer ans Ziel zu bringen, muss die Spielerin oder der Spieler die Richtung des Käfers über die Pfeiltasten steuern (→ **Abb. 6**). Je kleiner du dabei die Gradzahlen einstellst, desto genauer kannst du den Käfer steuern – je nachdem, muss man dabei aber auch häufiger tippen.

Merke

- **In Scratch gibt es die Möglichkeit, selbst Figuren und Bühnenbilder zu malen.**
- **Etwas auf seine Ausgangssituation zu setzen, nennt man Initialisierung.**
- **Mit einer bedingten Anweisung oder einer bedingten Wiederholung, kann man in Scratch Bedingungen implementieren.**

Aufgaben

1 a) Öffnet ein neues Projekt in Scratch und öffnet die Maloberfläche für Bühnenbilder (→ **Abb. 2**). Probiert alle Werkzeuge einmal aus.
b) Sammelt Ideen, für was sich die einzelnen Werkzeuge besonders gut eignen.

2 a) Öffne Scratch und male deine eigene Rennstrecke (→ **Abb. 2**). Bedenke, dass sie breit genug für eine Spielfigur sein muss.
b) Füge den Käfer als Figur ein.
c) Programmiere den Käfer so, dass er beim Start des Programms die Startposition einnimmt (→ **Abb. 3**).

3 Programmiere den Käfer so, dass er sich automatisch nach vorne bewegt. Sobald er die Ziellinie berührt, soll das Programm stoppen (→ **Abb. 4, 5**).

4 a) Das Skript des Käfers soll prüfen, ob er die Rasenfläche berührt. Erstellt dazu ein Struktogramm.
b) Implementiere das Struktogramm für den Käfer. Ergänze dafür sein Skript.

5 Programmiere die Steuerung des Käfers (→ **Abb. 6**).

6 a) Sammelt Ideen, wie ihr die Rallye leichter oder schwieriger gestalten könnt.
b) Setzt eine Idee um.

7 a) Überlegt euch gemeinsam eine Rennstrecke für eine neue Rallye und fertigt eine Skizze davon auf Papier an.
M
b) Setzt eure Skizze mithilfe der Maloberfläche als Bühnenbild in Scratch um.
c) Fügt zwei Figuren ein, die sich als Spielfiguren für die Rennstrecke eignen.
d) Programmiert die beiden Figuren so, dass ihr sie gleichzeitig steuern könnt.
e) Überlegt euch gemeinsam das Ziel und die Herausforderung eurer Rallye und implementiert sie in Scratch.

○1–3 ◐4, 5 ●6, 7

Käfer-Rallye II

1 Eine Stoppuhr misst die Zeit.

3, 2, 1 – Los!

Du hast bereits gelernt, wie man in Scratch einen **Timer** programmiert (→ **S. 72/73**). Man kann jedoch nicht nur programmieren, dass eine gewisse Zeit abläuft. Es ist auch möglich, die Zeit zu messen – wie mit einer **Stoppuhr** (→ **Abb. 1**). Die dazu notwendigen Blöcke findest du im Blockbereich „Fühlen“ (→ **Abb. 2**).

Das Array (aus dem engl.): Reihe

Rundenzeit speichern

Um in deiner **Käfer-Rallye** die Rundenzeiten zu speichern, muss die Stoppuhr zunächst zurückgesetzt, also auf „0" gesetzt werden. Sobald der Käfer eine Runde gelaufen ist, wird die aktuelle Zeit der Stoppuhr der Variablen „Rundenzeit“ als Wert zugewiesen (→ **Abb. 3**). Die aktuelle Rundenzeit wird dir nun in der linken oberen Ecke der Bühne angezeigt (→ **Abb. 4**).

empty (aus dem engl.): leer

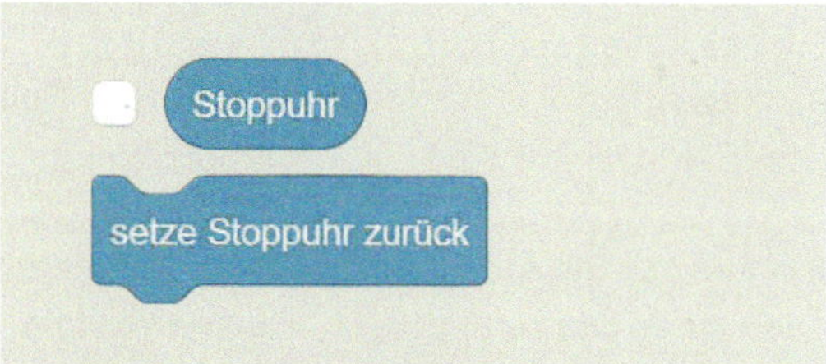

2 Blöcke zur Programmierung der Stoppuhr

3 Der Variablen „Rundenzeit“ wird der Wert der Stoppuhr zugewiesen.

Zeiten sammeln

In unserem Programm soll nicht nur die neueste Rundenzeit gespeichert werden. Wir möchten zudem die Zeiten von mehreren Runden speichern und auch anzeigen lassen (→ **Abb. 4**). Auf diesem Weg sieht die Spielerin oder der Spieler sofort, wie der Käfer sich gerade schlägt und wie schnell er im Vergleich zu den vergangenen Runden war.

Die Datenstruktur „Liste“

Zum Speichern der Rundenzeiten verwenden wir eine ↗ **Liste**. Listen sind ein wichtiges Konzept der Programmierung und werden in anderen Programmiersprachen auch **Felder** oder **Arrays** genannt. Man setzt sie vorrangig ein, um eine große Anzahl von Werten abzuspeichern.

Was ist besonders?

Listen können ganz unterschiedliche Informationen enthalten. In der Käfer-Rallye speichern sie Zahlen – sie können aber auch Wörter, andere Listen oder eine Mischung aus alledem enthalten. Jede Liste hat immer eine bestimmte **Länge**, die Liste in Abb. 4 hat z. B. die Länge 5. Eine leere Liste hat die Länge „0" und wird in Scratch mit „empty“ beschriftet. Listen können beliebig erweitert werden.

4 Die Zeiten, die der Käfer jeweils für eine Runde gebraucht hat, werden in der Liste „Rundenzeiten“ angezeigt.

Listen in Scratch

Bevor du eine Liste mit Werten befüllen kannst, musst du sie anlegen. Klicke dafür im Blockbereich „Variablen“ auf die Schaltfläche „Neue Liste“. Es öffnet sich ein Fenster, in das du den Namen der Liste eintragen musst (→ **Abb. 5**). Sobald du eine erste Liste angelegt hast, werden dir in der Blockpalette verschiedene Programmierblöcke zum Bearbeiten der Liste angezeigt. Du kannst z. B. den Wert einer Variablen zur Liste hinzufügen, die Liste auf der Bühne anzeigen oder sie wieder ausblenden (→ **Abb. 6**).

5 Skripte für die Steuerung des Käfers

Freie Sicht

Wenn die Liste auf der Bühne der Käfer-Rallye angezeigt wird, verdeckt sie einen Teil der Rennstrecke (→ **Abb. 4**). Das können wir verhindern, wenn wir die Liste so programmieren, dass sie nach jeder Runde nur kurz eingeblendet wird und dann wieder verschwindet (→ **Abb. 6**).

6 Nach jeder Runde wird die Liste für eine kurze Zeit angezeigt und wieder ausgeblendet.

Merke

- **Mit den Stoppuhr-Blöcken lässt sich in Scratch die Zeit messen.**
- **Mit einer Liste kannst du eine große Anzahl von Werten speichern.**
- **Jede Liste hat zu einem Zeitpunkt eine bestimmte Länge – sie kann aber beliebig erweitert werden.**

Aufgaben

1 a) Öffne deine Käfer-Rallye von **S. 80/81** in Scratch.
b) Wenn der Käfer auf die Ausgangsposition gesetzt wird, soll die Stoppuhr zurückgesetzt werden. Ergänze dafür das Skript des Käfers (→ **Abb. 2**).

2 a) Instanziiere die Variable „Rundenzeit“.
b) Der neuen Variablen soll der Wert der Stoppuhr zugewiesen werden. Überlegt gemeinsam, an welcher Stelle im Skript etwas verändert werden muss.
c) Ergänze den Block aus **Abb. 3** im Skript des Käfers.

3 a) Lege die Liste „Rundenzeiten“ an. Nach jeder Runde soll der Wert der Variablen „Rundenzeit“ zur Liste hinzugefügt werden. Ergänze das Skript des Käfers (→ **Abb. 6**).
b) Nach jeder Runde soll die Liste für einige Sekunden eingeblendet werden. Ergänze das Skript des Käfers (→ **Abb. 6**).

4 Die Käfer-Rallye soll auf fünf Runden begrenzt sein. Setze dafür eine Wiederholung mit fester Anzahl um das komplette Skript des Käfers.

5 a) Die Liste in eurem Programm wird jedes Mal, wenn ihr spielt, immer weiter ermittelt. Schaut euch die Blöcke in der Blockpalette an und diskutiert, mit welchem Block ihr die Werte der Liste löschen könnt.
b) Erstelle ein neues Skript mit eigenem Startereignis, das alle Werte der Liste löscht.

6 a) Sammelt Ideen, wie ihr
M Listen in Scratch einsetzen könnt.
b) Setzt eine Idee in einem neuen Programm um.

○ 1, 4 ◐ 2, 3, 5 ● 6

Ich kann jetzt ...

- Objekte in Scratch erstellen und programmieren.
- Wiederholungen und Verzweigungen programmieren und schachteln.
- Programme testen und mithilfe von Feedback optimieren.
- Methoden (eigene Blöcke) in Scratch erstellen.
- eigene Bühnenbilder mithilfe der Maloberfläche erstellen.
- gezielt unterschiedliche Vergleichsoperatoren einsetzen.
- Variablen instanziieren und einsetzen, um Daten zu speichern.
- Daten in einer Liste speichern.

1

a) Öffne Scratch und füge zwei Figuren deiner Wahl ein. Ergänze einen passenden Hintergrund.
b) Beide Figuren sollen unterschiedliche Handlungen ausführen. Erstelle für jede Figur ein eigenes Struktogramm.
c) Setze die Struktogramme in Scratch um.
d) Die Handlungen der Figuren sollen nacheinander ausgeführt werden. Verwende dafür Nachrichten.

2

a) Öffne Scratch und baue die Szene in **Abb. 1** inklusive Hintergrund und Figur nach.
b) Die Meerjungfrau agiert wie ein Taschenrechner und zählt für dich zwei Zahlen zusammen. Erstelle ein Struktogramm für ihr Skript.
c) Setze das Struktogramm in Scratch um.

3 Das Flussdiagramm in **Abb. 2** zeigt den Ablauf des Skripts des Fußballs in **Abb. 3**. Beschreibe, was beim Starten des Skripts passiert.

4

a) Öffne Scratch und baue die Szene in **Abb. 3** inklusive Hintergrund und der zwei Figuren nach.
b) Programmiere den Spieler so, dass du ihn mit den Pfeiltasten auf der Bühne bewegen kannst.
c) Implementiere für den Fußball die bedingte Anweisung aus **Abb. 2.**

5

a) Sobald der Spieler im Programm aus **Aufgabe 4** fünf Tore erzielt hat, soll der Fußball „Geschafft!" sagen. Ergänze

1 Die Meerjungfrau hilft dir beim Addieren zweier Zahlen.

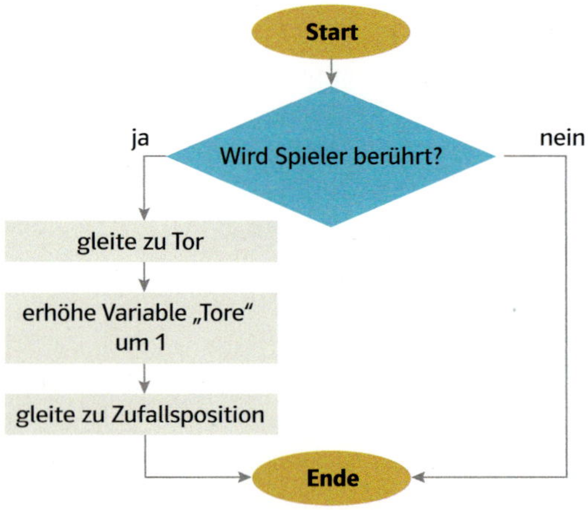

2 Bedingte Anweisung im Skript des Fußballs

3 Der Fußball gleitet automatisch ins Tor.

das Skript um eine weitere bedingte Anweisung. **Tipp:** Verwende einen grünen Vergleichsoperator!

b) Ergänze dein Programm so, dass die Figuren beim Anklicken der grünen Flagge automatisch auf eine bestimmte Ausgangsposition gesetzt werden und die Variable „Tore" zurückgesetzt wird.

c) Programmiere einen Hilfe-Button für das Spiel.

d) Sammle Ideen, wie man das Spiel erweitern könnte, und setze eine Idee um.

6 Erläutere, warum es sinnvoll ist, einen Hilfe-Button in Spielen einzubauen.

7

a) Schaue dir **Abb. 4** genau an. Vermute, was passiert, wenn das Programm gestartet wird.

b) Warum ist der Einsatz einer Liste hier besonders sinnvoll? Begründe!

8

a) Öffne Scratch und baue die Szene in **Abb. 4** nach.

b) Dani fragt sich, was eingekauft werden muss. Die Antworten sollen automatisch in einer Liste gesammelt werden. Lege die Liste „Einkaufsliste" an und schreibe ein passendes Skript.

c) Dani soll die Frage automatisch immer wieder stellen, ohne dass man ständig das Startereignis auslösen muss. Ergänze das Skript um eine Wiederholung.

d) Überlege, in welchen Situationen du in deinem Alltag Listen anfertigst. Setze eine deiner Alltags-Listen in deinem Programm um. Lege dafür eine neue Liste an und befülle sie. Wähle für das Skript ein neues Startereignis, sodass du beide Listen getrennt befüllen kannst.

4 Dani überlegt, was eingekauft werden muss.

Programmieren

Algorithmen beschreiben
- Struktogramm
- Flussdiagramm

Algorithmische Strukturen
- Anweisungen
- Sequenzen
- Wiederholungen
- Bedingte Anweisungen
- Methoden (eigene Blöcke)

Objekte in Scratch
- Figuren und Bühne
- Kommunizieren durch Nachrichten
- können selbst gemalt werden

Variablen
- Bezeichner
- Variablenwert
- Datentypen:
  - Zahl
  - Zeichenkette
  - Liste

Wiederholungen
- Wiederholung mit fester Anzahl
- Endloswiederholung
- Bedingte Wiederholung (Wiederholung mit Abbruchbedingung)

Bedingte Anweisungen
- Beding. Anweisung
- Beding. Anweisung + Alternative (Verzweigung)

5 Die wichtigsten Themen des Kapitels im Überblick

Musik per Tastendruck

1 Auf der Bühne sind bereits einige Instrumente versammelt.

Musik in Scratch
Wie man in Scratch das Abspielen von **Klängen** programmiert, hast du bereits kennengelernt. Es ist zudem möglich, unterschiedliche Instrumente als Figuren einzufügen (→ **Abb. 1**). Diese kannst du so programmieren, dass sie verschiedene Töne spielen. Auf diesem Weg kannst du deine eigenen Musikstücke erstellen.

Die richtigen Blöcke
Damit dir die notwendigen Blöcke angezeigt werden, musst du die **Erweiterung** „Musik“ hinzufügen (→ **Abb. 2**). Klicke dafür in Scratch auf die blaue Schaltfläche links unten.

2 Mit der Erweiterung „Musik“ kannst du in Scratch Instrumente, wie z. B. Schlagzeug, spielen.

Instrumente festlegen
Im echten Leben spielt ein Instrument automatisch die richtige Art von Klang – eine Gitarre hört sich z. B. immer an wie eine Gitarre. In Scratch hingegen kann jedes Instrument verschiedene Klangarten spielen. Ein Saxophon kann z. B. auch die Klänge eines Klaviers oder einer Gitarre spielen und umgekehrt. Du musst in deinem Programm also immer festlegen, welche Klänge deine Figur spielen soll (→ **Abb. 3**).

Jede Taste ein anderer Ton
Damit dein Instrument Töne spielen kann, muss es programmiert werden. Je nachdem, welche Taste du auf deiner Computertastatur drückst, soll ein anderer Ton erklingen. Hierfür brauchst du mehrere Skripte, die alle das Drücken einer anderen Taste als Startereignis haben. Um die richtigen Töne auszuwählen, musst du in den „spiele-Ton“-Block klicken. Es öffnet sich eine Tastatur, auf der du den gewünschten Ton auswählen kannst (→ **Abb. 4**).

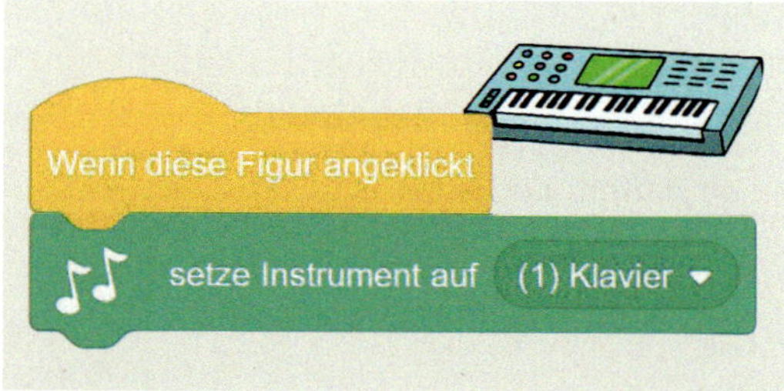

3 Skript für das Keyboard

4 Die Töne werden anhand der Tastatur zugewiesen.

Instrumentenwechsel
In deinem Programm sollst du die Möglichkeit haben, das Instrument schnell und einfach zu wechseln. Für den Instrumentenwechsel kannst du **Nachrichten** einsetzen. Wenn du das gewünschte Instrument anklickst, sendet es eine Nachricht an die anderen Figuren. Sobald das Keyboard diese Nachricht empfängt, schaltet es seine Klänge entsprechend um. Du kannst nun also mit den gleichen Tasten wie vorher ein anderes Instrument spielen.

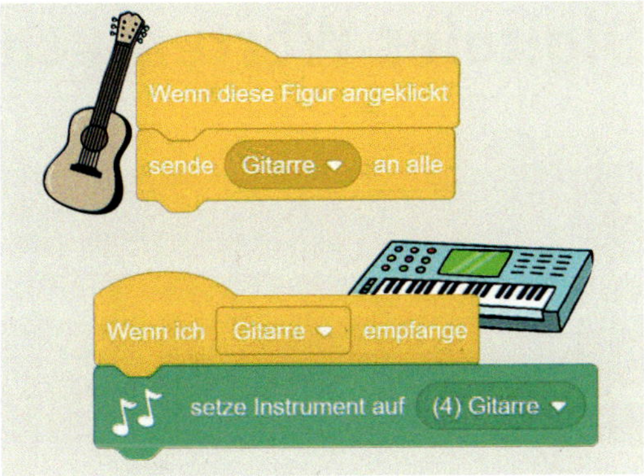

5 Die Gitarre sendet ein Signal, das vom Keyboard empfangen und als Startereignis verwendet wird.

Den Takt angeben
Mithilfe der „spiele-Schlaginstrument"-Blöcke kannst du einen Takt für dein Musikstück programmieren. Auch hier stehen verschiedene Schlaginstrumente zur Auswahl – von der Kuhglocke bis zur Basstrommel ist alles vorhanden. Mittels einer **Endloswiederholung** wird der Takt fortlaufend gespielt.

Wenn du in der Figurenbibliothek in der oberen Leiste auf „Musik" klickst, werden dir alle zur Verfügung stehenden Instrumente angezeigt.

Merke
- In Scratch kann man Klänge auf verschiedene Arten einsetzen.
- Es gibt Erweiterungen in Scratch, die neue Blockbereiche hinzufügen.
- Mit Nachrichten kannst du den Wechsel der Instrumente steuern.

Aufgaben

1 a) Öffne Scratch und wähle einen Hintergrund aus, der zu einem Konzert passt.
b) Füge verschiedene Instrumente als Figuren ein.
c) Füge die „Musik"-Erweiterung hinzu (→ **Abb. 2**).

2 a) Programmiere das Keyboard so, dass es die Töne eines Klaviers spielt (→ **Abb. 3**).
b) Bei jedem Tastendruck soll das Keyboard einen anderen Ton spielen. Erstelle dafür mehrere Skripte mit unterschiedlichem Startereignis (→ **Abb. 4**). Achte darauf, dass die ausgewählten Tasten auf der Computertastatur wie auf einem Keyboard nebeneinander liegen.

3 Implementiere den Wechsel auf verschiedene andere Instrumente. Verwende dafür Nachrichten (→ **Abb. 5**).

4 a) In eurem Programm soll ein fortlaufender Takt zu hören sein. Erstellt ein entsprechendes Skript mit dem „spiele-Schlaginstrument"-Block.
b) Stellt eure verschiedenen Takte vor und vergleicht eure Skripte.

5 Erkundet gemeinsam die restlichen Programmierbefehle im Blockbereich „Musik". Was passiert, wenn ihr die Blöcke in eurem Programm einsetzt?

6 a) Es soll ein Klassenkonzert programmiert werden, in dem mit mehreren Rechnern musiziert wird. Sammelt an der Tafel, welche musikalischen Elemente in eurem Konzert umgesetzt werden sollen. Beachtet dabei die vorhandenen Instrumente in Scratch.
b) Teilt euch in Gruppen ein und setzt jeweils ein Element in Scratch um.
c) Bestimmt gemeinsam die Abfolge der Elemente und notiert diese an der Tafel. Führt das Konzert im Klassenraum auf.

○1, 2 ◐3–5 ●6

Digitales Wörterbuch

1 Wörterbücher für verschiedene Sprachen

Übersetzen als Handarbeit

Das Übersetzen von Wörtern und Sätzen geht heutzutage mit verschiedenen Internetdiensten und Apps auf dem Smartphone ganz einfach und schnell. Das war jedoch nicht immer so einfach. Früher musste man jedes einzelne Wort in einem Wörterbuch nachschlagen. Für jede Sprache war außerdem ein eigenes Buch notwendig (→ **Abb. 1**). Das war nicht nur teuer, sondern hat auch viel Platz im Bücherregal besetzt.

Übersetzen in Scratch

Die Funktionsweisen einer Übersetzungs-App lassen sich auch in Scratch implementieren (→ **Abb. 2**). Hier kann man eine Figur so programmieren, dass sie fragt, was sie übersetzen soll. Der eingegebene Text wird in die Sprache übersetzt, die zuvor ausgewählt wurde.

2 Das Alien kann Wörter und ganze Sätze übersetzen.

Ohne Internet keine Übersetzung

Sobald du die **Erweiterung** „Übersetzen“ hinzufügst, wird dir ein neuer Programmierblock angezeigt (→ **Abb. 3**). Klicke dafür auf die blaue Schaltfläche links unten. Mit dem neuen Block kannst du Wörter in eine andere Sprache übersetzen. Er funktioniert allerdings nur, wenn dein Computer mit dem Internet verbunden ist.

Frage und Antwort

In deinem Programm muss es eine Möglichkeit geben, wie der Nutzer den Text, der übersetzt werden soll, eingeben kann. Hierfür kannst du den „frage“-Block verwenden (→ **Abb. 4**). Die Antwort kannst du in den „übersetze“-Block einfügen. Die Übersetzung wird mithilfe eines „sage“-Blocks ausgegeben.

3 Mit der Erweiterung „Übersetzen“ kannst du in Scratch Text in viele Sprachen übersetzen.

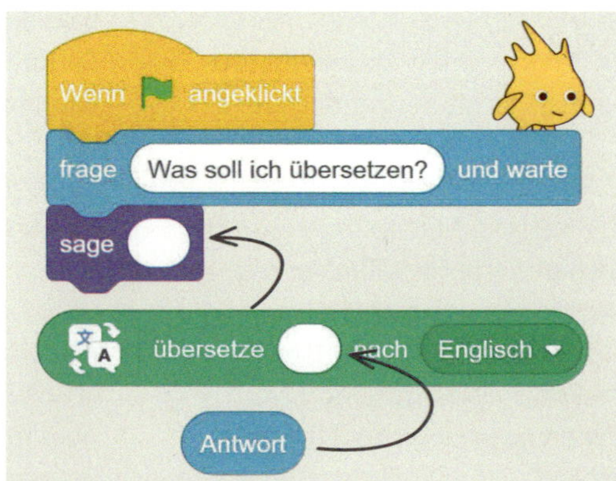

4 Skript für das Alien

Gewünschte Sprache einstellen

Die Sprache, in die dein Text übersetzt werden soll, kannst du im „übersetze“-Block auswählen. Es gibt jedoch auch eine Möglichkeit, wie der Nutzer deines Programms die Sprache einstellen kann, ohne etwas im Programmcode verändern zu müssen. Dafür musst du eine neue Variable „Sprache“ anlegen. Klickt man auf der Bühne die jeweilige Schaltfläche für eine Sprache an, wird der Variablen der entsprechende Wert zugewiesen (→ **Abb. 5**).

Welchen Wert hat die Variable?

Je nachdem, welchen Wert die Variable „Sprache“ gerade hat, wird der eingegebene Text in eine andere Sprache übersetzt. Um den Variablenwert zu prüfen, kannst du einen **Vergleichsoperator** aus dem Blockbereich „Operatoren“ verwenden (→ **Abb. 6**).

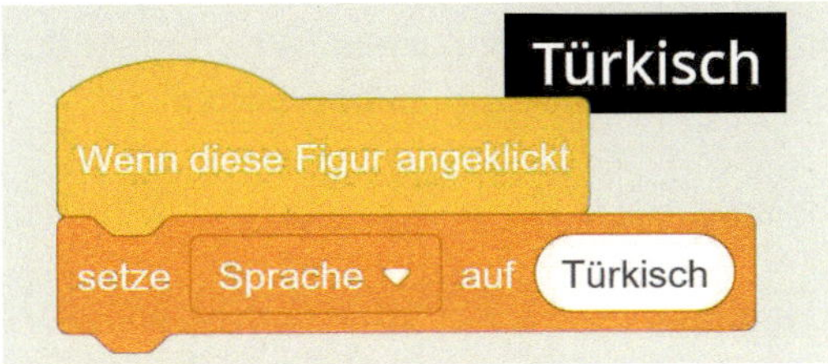

5 Der Variablen „Sprache“ wird der Wert „Türkisch“ zugewiesen.

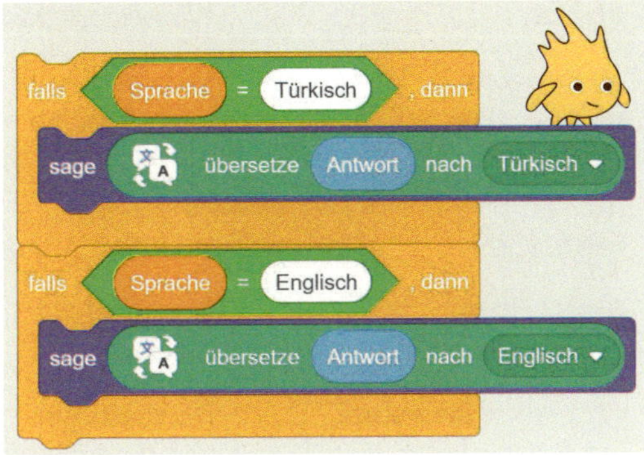

6 Je nach Wert der Variablen „Sprache“, wird der Text in eine andere Sprache übersetzt.

Merke

- **Manche Erweiterungen in Scratch funktionieren nur mit Internetverbindung.**
- **Mithilfe des „frage“-Blocks kann der Nutzer eines Programms Text eingeben.**
- **Mit einem Vergleichsoperator kann man überprüfen, welchen Wert eine Variable gerade hat.**

Aufgaben

1 a) Öffne Scratch und wähle eine Figur und einen Hintergrund für dein Übersetzungsprogramm.
b) Füge die „Übersetzen“-Erweiterung hinzu (→ **Abb. 3**).
c) Programmiere für deine Figur das Skript aus **Abb. 4**.

2 Du kennst sicher einige Worte in einer anderen Sprache. Teste, ob Scratch die Worte auch wirklich richtig übersetzt.

3 Erstelle zwei neue Figuren als Schaltflächen für die Spracheinstellung (→ **Abb. 2**). Benutze dafür die Oberfläche für das Malen neuer Figuren.

4 a) Instanziiere die Variable „Sprache”.
b) Programmiere deine Schaltflächen, sodass sie der Variablen einen Wert zuweisen (→ **Abb. 5**).
c) Ergänze das Skript deiner Figur so, dass sie die eingegebenen Wörter übersetzt (→ **Abb. 6**).

5 Erstelle eine zusätzliche Figur, die dem Nutzer erklärt, was zu tun ist. Stelle sicher, dass der Nutzer sofort erkennt, dass er hier Hilfe bekommt.

6 Tauscht eure Programme und testet, ob die Übersetzungen richtig sind. Vergleicht dafür die Ausgaben des Programms mit den Ergebnissen einer Übersetzungsseite im Internet. Erstellt eine Tabelle.

7 a) Sammelt gemeinsam Ideen, was ihr an euren Programmen noch verbessern könntet oder welche Effekte man noch hinzufügen könnte.
b) Setze eine Idee in Scratch um.
c) Stellt euch eure Ergebnisse vor.

8 M a) Sammelt Ideen für weitere Programme, in denen man den „übersetze“-Block verwenden könnte.
b) Setzt eine Idee in Scratch um.
c) Stellt euch eure Ergebnisse vor.

○1–3 ◒4–6 ●7, 8

In den Aufgaben in diesem Buch findest du Operatoren. Sie zeigen dir, was du tun musst, um eine Aufgabe gut zu bearbeiten.

Beispiel:

Aufgabe	Operator
Nennt die verschiedenen Formatierungen, die benutzt werden.	Nennt

Operator	Was musst du tun?
analysieren	Du arbeitest bestimmte Merkmale heraus und untersuchst sie nach verschiedenen Fragestellungen.
aufzählen, nennen	Du trägst Begriffe, Informationen etc. in Stichworten zusammen.
begründen	Du führst Argumente, Ursachen oder Beweise für etwas an.
beschreiben	Du gibst eine Sache in eigenen Worten und durch Fachbegriffe wieder.
beurteilen, bewerten	Du beschreibst, wie weit etwas den Vorgaben oder deinen eigenen Vorstellungen entspricht.
darstellen	Du gibst ein Ergebnis anschaulich wieder (z. B. als Tabelle, ...).
diskutieren	Ihr tauscht Argumente in einer Gruppe aus und wägt sie ab.
entwickeln	Du setzt deine Kenntnisse und deine eigenen Vorstellungen um, z. B. in einem Plakat oder Rollenspiel.
erklären	Du beschreibst eine Sache nachvollziehbar und verständlich.
erläutern	Du beschreibst eine Sache nachvollziehbar und verständlich und verdeutlichst sie zusätzlich mit Beispielen.
ermitteln	Du findest etwas heraus, indem du planvoll vorgehst.
erörtern	Du stellst die Vor- und Nachteile zu einem Thema gegenüber, formulierst eine eigene Meinung und begründest sie.
implementieren	Du setzt einen Algorithmus in eine Programmiersprache um.
instanziieren	Du legst ein Objekt (z. B. eine Variable) zum ersten Mal an.
präsentieren	Du bereitest ein Ergebnis auf und stellst es den anderen vor.
programmieren	Du gibst einem Computer Anweisungen in Form eines Programms.
recherchieren	Du findest Informationen zu einer Sache aus unterschiedlichen Quellen heraus (z. B. Internet, Lexikon, Zeitung, Befragung).
Stellung nehmen	Du bildest dir eine eigene Meinung zu dem Sachverhalt (gut oder schlecht, gerecht oder ungerecht ...) und begründest sie.
untersuchen	Du findest heraus, welche Merkmale vorhanden sind, z. B. durch Versuche oder Fragen.
vergleichen	Du setzt Dinge in Beziehung und erkennst, was gleich, ähnlich oder unterschiedlich ist.

Operator	Was musst du tun?
Vermutungen anstellen, vermuten	Du gibst wieder, was du über eine Fragestellung oder ein Thema denkst. Dabei beziehst du dein bisheriges Wissen ein.
(zu)ordnen	Du stellst dar, wie verschiedene Dinge zusammengehören.
zusammenfassen	Du schreibst das Wichtigste heraus oder gibst es wieder.

In der nachfolgenden Auflistung findest du nützliche Shortcuts (Tastenkürzel) für das Betriebssystem Windows, die dir die Arbeit am Computer erleichtern können. Auch andere Betriebssysteme haben ähnliche Funktionen.

Shortcut	Was löst der Shortcut aus?
Strg + A	alle Dateien auswählen
Strg + C	Datei(en) kopieren
Strg + P	Datei(en) drucken
Strg + V	Datei(en) einfügen
Strg + X	Datei(en) ausschneiden
Strg + Y	den letzten Schritt wiederherstellen
Strg + Z	den letzten Schritt rückgängig machen
Strg + Pos1	zum Anfang des Dokuments wechseln
Strg + Ende	zum Ende des Dokuments wechseln
F2	Datei(en) umbenennen
F5	Internetseite, Ordnerinhalte etc. aktualisieren
Druck-Taste	Screenshot des Computerbildschirms erstellen
Alt + F4	Anwendung (Programm) bzw. Windows beenden
Alt + Tab	zeigt Übersicht über alle Fenster
Strg + Umschalt + Esc	öffnet den Task-Manager
Strg + Tab	zwischen Tabs/Registerkarten wechseln
Strg + Alt + Entf.	Dialog mit Verknüpfungen zum Sperren, Herunterfahren, Kennwort ändern, …
Strg + Shift + Entf.	Dialogfenster „Gesamte Chronik/Verlauf löschen“ anzeigen lassen (im Browser)

die **absolute Adressierung**
Unter absoluter Adressierung versteht man den Bezug auf eine feste Zelle. Diese feste Zelle wird durch das $-Zeichen gekennzeichnet (z.B. $A$2). Beim automatischen Ausfüllen wird immer auf die gleiche Zelle Bezug genommen.

der **Algorithmus**
Algorithmen finden sich praktisch in jedem Computerprogramm. Sie sind, vereinfacht gesagt, fest definierte und endliche Vorgehensweisen, mit denen ein Problem gelöst werden kann. Sie enthalten Anweisungen, die Schritt für Schritt befolgt werden, um ein bestimmtes Ziel zu erreichen.

die **bedingte Anweisung**
In Scratch programmiert man eine bedingte Anweisung mit dem „falls-dann"-Block. Die Anweisungen innerhalb des Blocks werden nur ausgeführt, wenn eine bestimmte Bedingung erfüllt wird, die Figur z.B. eine andere Figur oder den Mauszeiger berührt.

die **biometrischen Daten**
Biometrische Daten beziehen sich auf Körpercharakteristika und Merkmale einer natürlichen Person, die bei jedem Menschen einzigartig sind (z.B. Fingerabdruck).

der **Datentyp**
Mithilfe von Variablen kann man verschiedene Arten von Informationen speichern, z.B. Zahlen oder Buchstaben. Jede Variable hat somit einen bestimmten Datentyp.

digital
Beschreibt einen bestimmten Zustand von Daten (Bilder, Texte, Musik etc.). Sie können von Computern gelesen und verarbeitet werden.

das **digitale Informationssystem**
Als digitale Informationssysteme bezeichnet man computergestützte Kombinationen aus Menschen und Maschinen. Sie erzeugen, verarbeiten, speichern und übertragen Informationen.

die **Digitalisierung**
Bezeichnet eine bestimmte Entwicklung weg von analogen Techniken des Industriezeitalters. Immer mehr Dinge werden „digitalisiert", d.h., es werden Computer eingebaut, die miteinander verbunden sind und Informationen austauschen können.

das **E-Learning** (engl.: „electronic learning")
Elektronisches Lernen oder elektronisch unterstütztes Lernen. Es umfasst sämtliche Formen des elektronisch bzw. digital gestützten Lernens.

das **Flussdiagramm**
Mit einem Flussdiagramm kann man den Ablauf eines Programms grafisch darstellen. Es besteht aus verschiedenen Symbolen, die z.B. den Start und das Ende des Programms darstellen.

die **Formatierung**
Dieser Begriff hat in der Tabellenkalkulation zwei Bedeutungen. Zum einen gibt es die Formatierung der Schrift (z.B. Schriftart, -größe und -farbe) und zum anderen kann man eine Zahl in der Zelle formatieren. Hierbei wird der Zahl eine bestimmte Bedeutung zugordnet (z.B. Uhrzeit, Prozent oder eine Währung).

die **Implementierung**
Bezeichnet das Umsetzen eines Algorithmus in eine Programmiersprache und somit in ein Computerprogramm.

das **Informatiksystem**
Systeme aus elektronischen Geräten (Hard- und Software, Netzwerkgeräte), die Daten austauschen und verarbeiten, nennt man Informatiksysteme.

die **Initialisierung**
Bezeichnet in der Programmierung die Zuweisung eines Anfangswertes, z.B. die Startposition einer Figur auf der Bühne.

die **Instanziierung**
Bei diesem Prozess wird in der Programmierung ein Objekt zum ersten Mal erzeugt. In Scratch bezeichnet man damit das Anlegen einer neuen Variablen.

der **Klarname**
Der Klarname (auch Realname oder Personenname genannt) ist der wirkliche Name einer natürlichen Person. Dieser Name steht in der Regel als voller Name im amtlichen Ausweis.

die **„Künstliche Intelligenz" (KI)** (engl.: **AI** für **„Artificial Intelligence"**)
Bezeichnet den automatischen Ablauf eines Algorithmus zum Finden von Antworten und Lösen von Problemen.

die **Lernplattform**
Eine Lernplattform bzw. ein Learning Management System dient der Bereitstellung von Lernmaterialien und der Organisation von Lernvorgängen.

die **Liste**
Mit Listen kann man mehrere Werte speichern. Jede Liste hat eine bestimmte Länge und man kann sie beliebig erweitern. Es ist auch möglich, Werte zu löschen oder Werte auszugeben.

die **Methode**
Eine Methode in Scratch ist eine Art Unterprogramm, das von einer Figur aufgerufen werden kann. Man erstellt sie, indem man eigene Blöcke anlegt und definiert.

die **relative Adressierung**
Die relative Adressierung bedeutet, dass sich der Zellbezug automatisch anpasst. Beim automatischen Ausfüllen „wandern" die Zellen, auf die Bezug genommen wird, also eine Spalte oder eine Zeile weiter.

Scratch
Scratch ist eine erstmals 2007 veröffentlichte bildungsorientierte visuelle Programmiersprache für Kinder und Jugendliche, mit der man z. B. Geschichten, Animationen oder Spiele programmieren kann. Programmiert wird mit einzelnen Blöcken, die man zu Skripten aneinanderfügt.

die **Spracherkennung**
Gesprochene Sprache kann automatisch durch ein Informatiksystem verarbeitet werden und so bestimmte Dinge ausführen. Einem Navigationssystem kann durch Spracherkennung z. B. die gesuchte Adresse diktiert werden oder einem Smartphone kann mitgeteilt werden, dass es in einer Suchmaschine nach einem bestimmten Produkt suchen soll.

das **Struktogramm**
Struktogramme bestehen aus bestimmten Bausteinen. Mit ihnen kann man Abläufe von Computerprogrammen grafisch darstellen. Ein Struktogramm hilft dabei, den Ablauf eines Programms zu planen, das mit Hilfe eines Startereignisses in Gang gesetzt wird.

die **Transparenz**
Steht für öffentliche Nachvollziehbarkeit von Vorgängen (zumeist in der Politik) oder auch in der Verwaltung personenbezogener Daten.

die **Variable**
Ein Behälter für bestimmte Werte, der eingesetzt wird, wenn sich der Wert während eines Programmes verändern soll, z. B. ein Punktezähler oder ein Timer

der **Vergleichsoperator**
Er prüft, ob zwei eingegebene Werte gleich sind oder ein Wert größer bzw. kleiner als der andere ist. Als Werte kann man Zahlen, Zeichenketten oder andere Werteblöcke, z. B. Variablen, eingeben.

die **Verzweigung**
In Scratch programmiert man eine Verzweigung mit dem „falls-dann-sonst"-Block. Je nachdem, ob die ausgewählte Bedingung erfüllt wird oder nicht, werden unterschiedliche Anweisungen ausgeführt. Man nennt die Verzweigung auch bedingte Anweisung mit Alternative.

die **Wiederholung**
Werden in einer Programmierumgebung auch Schleifen genannt. Sie werden eingesetzt, wenn eine oder mehrere Anweisungen mehrfach ausgeführt werden sollen.

Quellennachweis

4.1 stock.adobe.com, Dublin (andreusK); **4.2** ShutterStock.com RF, New York (Artie Medvedev); **5** stock.adobe.com, Dublin (Africa Studio); **6** Ernst Klett Verlag GmbH, Stuttgart (Marietta Kurth); **8** stock.adobe.com, Dublin (Gorodenkoff); **9.1** stock.adobe.com, Dublin (Stephanie); **9.2** stock.adobe.com, Dublin (DatenschutzStockfoto); **9.3** stock.adobe.com, Dublin (andreusK); **10.1** stock.adobe.com, Dublin (apinan); **11.2** stock.adobe.com, Dublin (Jürgen Fälchle); **12.1** stock.adobe.com, Dublin (Tierney); **13.2** Thies, Tobias, Hamburg; **14.1** stock.adobe.com, Dublin (angiolina); **14.2** stock.adobe.com, Dublin (dlyastokiv); **15.3** Pflügner, Matthias, Berlin; **16.1** stock.adobe.com, Dublin (markd800); **16.2** stock.adobe.com, Dublin (Monkey Business); **18.1** stock.adobe.com, Dublin (lembergvector); **19.2** stock.adobe.com, Dublin (Antonioguillem); **20.1** ShutterStock.com RF, New York (Vector-Mine); **21.2** stock.adobe.com, Dublin (Solveig); **22.1** Pflügner, Matthias, Berlin; **23.2** stock.adobe.com, Dublin (MicroOne); **24.1** Pflügner, Matthias, Berlin; **25.3.1** Ernst Klett Verlag GmbH, Stuttgart; **25.3.2** https://creativecommons.org/licenses/by-sa/4.0/deed.de, Mountain View (Katrin Wolff); CC-BY-SA-4.0 Lizenzbestimmungen: https://creativecommons.org/licenses/by-sa/4.0/legalcode; **25.3.3** Hochmann, Carmen, Gütersloh; **25.3.4** Rau, Katja, Berglen; **25.3.5** Rau, Katja, Berglen; **25.3.6** Lohß, Sandy, Chemnitz; **26.1** https://creativecommons.org/licenses/by-sa/4.0/deed.de, Mountain View (Katrin Wolff); CC-BY-SA-4.0 Lizenzbestimmungen: https://creativecommons.org/licenses/by-sa/4.0/legalcode; **26.2** https://creativecommons.org/licenses/by-sa/4.0/deed.de, Mountain View (Katrin Wolff); CC-BY-SA-4.0 Lizenzbestimmungen: https://creativecommons.org/licenses/by-sa/4.0/legalcode; **27.3** https://creativecommons.org/licenses/by-sa/4.0/deed.de, Mountain View (Katrin Wolff); CC-BY-SA-4.0 Lizenzbestimmungen: https://creativecommons.org/licenses/by-sa/4.0/legalcode; **28.1** https://creativecommons.org/licenses/by-sa/4.0/deed.de, Mountain View (Katrin Wolff); CC-BY-SA-4.0 Lizenzbestimmungen: https://creativecommons.org/licenses/by-sa/4.0/legalcode; **28.2** https://creativecommons.org/licenses/by-sa/4.0/deed.de, Mountain View (Katrin Wolff); CC-BY-SA-4.0 Lizenzbestimmungen: https://creativecommons.org/licenses/by-sa/4.0/legalcode; **29** https://creativecommons.org/licenses/by-sa/4.0/deed.de, Mountain View (Katrin Wolff); CC-BY-SA-4.0 Lizenzbestimmungen: https://creativecommons.org/licenses/by-sa/4.0/legalcode; **30.1** https://creativecommons.org/licenses/by-sa/4.0/deed.de, Mountain View (Katrin Wolff); CC-BY-SA-4.0 Lizenzbestimmungen: https://creativecommons.org/licenses/by-sa/4.0/legalcode; **30.2** https://creativecommons.org/licenses/by-sa/4.0/deed.de, Mountain View (Katrin Wolff); CC-BY-SA-4.0 Lizenzbestimmungen: https://creativecommons.org/licenses/by-sa/4.0/legalcode; **32.1** stock.adobe.com, Dublin (Daniel Berkmann); **32.2** Nutzung mit Genehmigung von Microsoft.; **33.4** https://www.7-zip.de/; **34.1** stock.adobe.com, Dublin (reeel); **35.2** https://creativecommons.org/licenses/by-sa/4.0/deed.de, Mountain View (Katrin Wolff); CC-BY-SA-4.0 Lizenzbestimmungen: https://creativecommons.org/licenses/by-sa/4.0/legalcode; **36.1** Wolff, Katrin, Wiesbaden; **36.2** ShutterStock.com RF, New York (Olga Miltsova); **36.3** https://creativecommons.org/licenses/by-sa/4.0/deed.de, Mountain View (Katrin Wolff); CC-BY-SA-4.0 Lizenzbestimmungen: https://creativecommons.org/licenses/by-sa/4.0/legalcode; **36.4** stock.adobe.com, Dublin (junce11); **37.5** Wolff, Katrin, Wiesbaden; **37.6** ShutterStock.com RF, New York (RYosha); **38** ShutterStock.com RF, New York (Artie Medvedev); **39.1** ShutterStock.com RF, New York (Andrey_Popov); **39.2** ShutterStock.com RF, New York (Nomadic Photo Studio); **39.3** ShutterStock.com RF, New York (Potapov Sergey); **40.1** ShutterStock.com RF, New York (Rawpixel.com); **40.2.1** ShutterStock.com RF, New York (Jessica Jeong); **40.2.2** stock.adobe.com, Dublin (fizkes); **40.3** Media Office GmbH, Kornwestheim; **40.4** ShutterStock.com RF, New York (metamorworks); **41.6** ShutterStock.com RF, New York (Gorodenkoff); **42.1** Nutzung mit Genehmigung von Microsoft.; **42.2.1** https://de.libreoffice.org/; **42.2.2** Nutzung mit Genehmigung von Microsoft.; **42.3** https://de.libreoffice.org/; **43.4** Nutzung mit Genehmigung von Microsoft.; **44.1** Nutzung mit Genehmigung von Microsoft.; **44.2** https://de.libreoffice.org/; **44.3.1** https://de.libreoffice.org/; **44.3.2** https://de.libreoffice.org/; **45.4** https://de.libreoffice.org/; **45.5** https://de.libreoffice.org/; **45.6** https://de.libreoffice.org/; **46.1** https://de.libreoffice.org/; **46.2** https://de.libreoffice.org/; **46.3** https://de.libreoffice.org/; **46.4** https://de.libreoffice.org/; **47.5** https://de.libreoffice.org/; **47.6** Nutzung mit Genehmigung von Microsoft.; **48.1** stock.adobe.com, Dublin (Woodapple); **48.2** https://de.libreoffice.org/; **48.3** https://de.libreoffice.org/; **48.4** https://de.libreoffice.org/; **50.1** Rau, Katja, Berglen; **50.2.1** Nutzung mit Genehmigung von Microsoft.; **50.2.2** https://de.libreoffice.org/; **50.3.1** Nutzung mit Genehmigung von Microsoft.; **50.3.2** https://de.libreoffice.org/; **51.4** Nutzung mit Genehmigung von Microsoft.; **51.5** https://de.libreoffice.org/; **52.1** Nutzung mit Genehmigung von Microsoft.; **52.2** Nutzung mit Genehmigung von Microsoft.; **52.3** Nutzung mit Genehmigung von Microsoft.; **52.4** https://de.libreoffice.org/; **53.5** Nutzung mit Genehmigung von Microsoft.; **53.6** https://de.libreoffice.org/; **54.1** Nutzung mit Genehmigung von Microsoft.; **54.2** Nutzung mit Genehmigung von Microsoft.; **54.3** https://de.libreoffice.org/; **54.4.1** Nutzung mit Genehmigung von Microsoft.; **54.4.2** https://de.libreoffice.org/; **55.5.1** Nutzung mit Genehmigung von Microsoft.; **55.5.2** https://de.libreoffice.org/; **55.6** https://de.libreoffice.org/; **56.1** ShutterStock.com RF, New York (howcolour); **56.2** Nutzung mit Genehmigung von Microsoft.; **56.3** Nutzung mit Genehmigung von Microsoft.; **56.4** Nutzung mit Genehmigung von Microsoft.; **57.5** Nutzung mit Genehmigung von Microsoft.; **57.6** Nutzung mit Genehmigung von Microsoft.; **57.7** Nutzung mit Genehmigung von Microsoft.; **57.9** Nutzung mit Genehmigung von Microsoft.; **58.1** Nutzung mit Genehmigung von Microsoft.; **58.2** Nutzung mit Genehmigung von Microsoft.; **58.3** Nutzung mit Genehmigung von Microsoft.; **58.4** Nutzung mit Genehmigung von Microsoft.; **58.5** https://de.libreoffice.org/; **59.6** Nutzung mit Genehmigung von Microsoft.; **59.7** Nutzung mit Genehmigung von Microsoft.; **59.8** Nutzung mit Genehmigung von Microsoft.; **60.1** Nutzung mit Genehmigung von Microsoft.; **61.2** https://de.libreoffice.org/; **61.3** Nutzung mit Genehmigung von Microsoft.; **62.1** ShutterStock.com RF, New York (GoodStudio); **62.2** Nutzung mit Genehmigung von Microsoft.; **63.3** Nutzung mit Genehmigung von Microsoft.; **64.1** ShutterStock.com RF, New York (Jeerasak banditram); **64.1** ShutterStock.com RF, New York (Claudio Divizia); **64.1** Screenshot: https://de.libreoffice.org/; **64.2** https://de.libreoffice.org/; **64.3** https://de.libreoffice.org/; **65.5** https://de.libreoffice.org/; **65.6** https://de.libreoffice.org/; **66** stock.adobe.com, Dublin (Africa Studio); **67.1** stock.adobe.com, Dublin (Syda Productions); **67.2** stock.adobe.com, Dublin (Gorodenkoff); **67.3** stock.adobe.com, Dublin (DragonImages); **67.4** stock.adobe.com, Dublin (Simon Kadula); **68.1** Scratch/CC-BY-SA-4.0 Creative Commons. Scratch ist ein Projekt der Scratch Foundation und der Lifelong Kindergarten Group am MIT Media Lab. Es steht kostenlos unter https://scratch.mit.edu zur Verfügung.; **68.2** Media Office GmbH, Kornwestheim; **69.3.1** Scratch/CC-BY-SA-4.0 Creative Commons. Scratch ist ein Projekt der Scratch Foundation und der Lifelong Kindergarten Group am MIT Media Lab. Es steht kostenlos unter https://scratch.mit.edu zur Verfügung.; **69.3.2** Scratch/CC-BY-SA-4.0 Creative Commons. Scratch ist ein Projekt der Scratch Foundation und der Lifelong Kindergarten Group am MIT Media Lab. Es steht kostenlos unter https://scratch.mit.edu zur Verfügung.; **69.3.3** Scratch/CC-BY-SA-4.0 Creative Commons. Scratch ist ein Projekt der Scratch Foundation und der Lifelong Kindergarten Group am MIT Media Lab. Es steht kostenlos unter https://scratch.mit.edu zur Verfügung.; **69.3.4** Scratch/CC-BY-SA-4.0 Creative Commons. Scratch ist ein Projekt der Scratch Foundation und der Lifelong Kindergarten Group am MIT Media Lab. Es steht kostenlos unter https://scratch.mit.edu zur Verfügung.; **70.1** Scratch/CC-BY-SA-4.0 Creative Commons.

Scratch ist ein Projekt der Scratch Foundation und der Lifelong Kindergarten Group am MIT Media Lab. Es steht kostenlos unter https://scratch.mit.edu zur Verfügung.; **70.2** Scratch/CC-BY-SA-4.0 Creative Commons. Scratch ist ein Projekt der Scratch Foundation und der Lifelong Kindergarten Group am MIT Media Lab. Es steht kostenlos unter https://scratch.mit.edu zur Verfügung.; **70.3.1** Scratch/CC-BY-SA-4.0 Creative Commons. Scratch ist ein Projekt der Scratch Foundation und der Lifelong Kindergarten Group am MIT Media Lab. Es steht kostenlos unter https://scratch.mit.edu zur Verfügung.; **70.3.2** Scratch/CC-BY-SA-4.0 Creative Commons. Scratch ist ein Projekt der Scratch Foundation und der Lifelong Kindergarten Group am MIT Media Lab. Es steht kostenlos unter https://scratch.mit.edu zur Verfügung.; **70.3.3** Scratch/CC-BY-SA-4.0 Creative Commons. Scratch ist ein Projekt der Scratch Foundation und der Lifelong Kindergarten Group am MIT Media Lab. Es steht kostenlos unter https://scratch.mit.edu zur Verfügung.; **70.4** Media Office GmbH, Kornwestheim; **70.5** Media Office GmbH, Kornwestheim; **71.6** Scratch/CC-BY-SA-4.0 Creative Commons. Scratch ist ein Projekt der Scratch Foundation und der Lifelong Kindergarten Group am MIT Media Lab. Es steht kostenlos unter https://scratch.mit.edu zur Verfügung.; **71.7.1** Scratch/CC-BY-SA-4.0 Creative Commons. Scratch ist ein Projekt der Scratch Foundation und der Lifelong Kindergarten Group am MIT Media Lab. Es steht kostenlos unter https://scratch.mit.edu zur Verfügung.; **71.7.2** Scratch/CC-BY-SA-4.0 Creative Commons. Scratch ist ein Projekt der Scratch Foundation und der Lifelong Kindergarten Group am MIT Media Lab. Es steht kostenlos unter https://scratch.mit.edu zur Verfügung.; **71.7.3** Scratch/CC-BY-SA-4.0 Creative Commons. Scratch ist ein Projekt der Scratch Foundation und der Lifelong Kindergarten Group am MIT Media Lab. Es steht kostenlos unter https://scratch.mit.edu zur Verfügung.; **71.7.4** stock.adobe.com, Dublin (endstern); **72.1** stock.adobe.com, Dublin (Happypictures); **72.2** Scratch/CC-BY-SA-4.0 Creative Commons. Scratch ist ein Projekt der Scratch Foundation und der Lifelong Kindergarten Group am MIT Media Lab. Es steht kostenlos unter https://scratch.mit.edu zur Verfügung.; **72.3.1** Scratch/CC-BY-SA-4.0 Creative Commons. Scratch ist ein Projekt der Scratch Foundation und der Lifelong Kindergarten Group am MIT Media Lab. Es steht kostenlos unter https://scratch.mit.edu zur Verfügung.; **72.3.2** Scratch/CC-BY-SA-4.0 Creative Commons. Scratch ist ein Projekt der Scratch Foundation und der Lifelong Kindergarten Group am MIT Media Lab. Es steht kostenlos unter https://scratch.mit.edu zur Verfügung.; **73.4** Scratch/CC-BY-SA-4.0 Creative Commons. Scratch ist ein Projekt der Scratch Foundation und der Lifelong Kindergarten Group am MIT Media Lab. Es steht kostenlos unter https://scratch.mit.edu zur Verfügung.; **73.5.1** Scratch/CC-BY-SA-4.0 Creative Commons. Scratch ist ein Projekt der Scratch Foundation und der Lifelong Kindergarten Group am MIT Media Lab. Es steht kostenlos unter https://scratch.mit.edu zur Verfügung.; **73.5.2** Scratch/CC-BY-SA-4.0 Creative Commons. Scratch ist ein Projekt der Scratch Foundation und der Lifelong Kindergarten Group am MIT Media Lab. Es steht kostenlos unter https://scratch.mit.edu zur Verfügung.; **74.1** stock.adobe.com, Dublin (sewcream); **74.2** Scratch/CC-BY-SA-4.0 Creative Commons. Scratch ist ein Projekt der Scratch Foundation und der Lifelong Kindergarten Group am MIT Media Lab. Es steht kostenlos unter https://scratch.mit.edu zur Verfügung.; **74.3.1** Scratch/CC-BY-SA-4.0 Creative Commons. Scratch ist ein Projekt der Scratch Foundation und der Lifelong Kindergarten Group am MIT Media Lab. Es steht kostenlos unter https://scratch.mit.edu zur Verfügung.; **74.3.2** Scratch/CC-BY-SA-4.0 Creative Commons. Scratch ist ein Projekt der Scratch Foundation und der Lifelong Kindergarten Group am MIT Media Lab. Es steht kostenlos unter https://scratch.mit.edu zur Verfügung.; **74.3.3** Scratch/CC-BY-SA-4.0 Creative Commons. Scratch ist ein Projekt der Scratch Foundation und der Lifelong Kindergarten Group am MIT Media Lab. Es steht kostenlos unter https://scratch.mit.edu zur Verfügung.; **74.3.4** Scratch/CC-BY-SA-4.0 Creative Commons. Scratch ist ein Projekt der Scratch Foundation und der Lifelong Kindergarten Group am MIT Media Lab. Es steht kostenlos unter https://scratch.mit.edu zur Verfügung.; **75.4** Scratch/CC-BY-SA-4.0 Creative Commons. Scratch ist ein Projekt der Scratch Foundation und der Lifelong Kindergarten Group am MIT Media Lab. Es steht kostenlos unter https://scratch.mit.edu zur Verfügung.; **76.1** Scratch/CC-BY-SA-4.0 Creative Commons. Scratch ist ein Projekt der Scratch Foundation und der Lifelong Kindergarten Group am MIT Media Lab. Es steht kostenlos unter https://scratch.mit.edu zur Verfügung.; **76.2.1** Scratch/CC-BY-SA-4.0 Creative Commons. Scratch ist ein Projekt der Scratch Foundation und der Lifelong Kindergarten Group am MIT Media Lab. Es steht kostenlos unter https://scratch.mit.edu zur Verfügung.; **76.2.2** Scratch/CC-BY-SA-4.0 Creative Commons. Scratch ist ein Projekt der Scratch Foundation und der Lifelong Kindergarten Group am MIT Media Lab. Es steht kostenlos unter https://scratch.mit.edu zur Verfügung.; **76.3** Media Office GmbH, Kornwestheim; **76.4.1** Scratch/CC-BY-SA-4.0 Creative Commons. Scratch ist ein Projekt der Scratch Foundation und der Lifelong Kindergarten Group am MIT Media Lab. Es steht kostenlos unter https://scratch.mit.edu zur Verfügung.; **76.4.2** Scratch/CC-BY-SA-4.0 Creative Commons. Scratch ist ein Projekt der Scratch Foundation und der Lifelong Kindergarten Group am MIT Media Lab. Es steht kostenlos unter https://scratch.mit.edu zur Verfügung.; **77.6.1** Scratch/CC-BY-SA-4.0 Creative Commons. Scratch ist ein Projekt der Scratch Foundation und der Lifelong Kindergarten Group am MIT Media Lab. Es steht kostenlos unter https://scratch.mit.edu zur Verfügung.; **77.6.2** Scratch/CC-BY-SA-4.0 Creative Commons. Scratch ist ein Projekt der Scratch Foundation und der Lifelong Kindergarten Group am MIT Media Lab. Es steht kostenlos unter https://scratch.mit.edu zur Verfügung.; **77.6.3** Scratch/CC-BY-SA-4.0 Creative Commons. Scratch ist ein Projekt der Scratch Foundation und der Lifelong Kindergarten Group am MIT Media Lab. Es steht kostenlos unter https://scratch.mit.edu zur Verfügung.; **78.1.1** Scratch/CC-BY-SA-4.0 Creative Commons. Scratch ist ein Projekt der Scratch Foundation und der Lifelong Kindergarten Group am MIT Media Lab. Es steht kostenlos unter https://scratch.mit.edu zur Verfügung.; **78.1.2** Scratch/CC-BY-SA-4.0 Creative Commons. Scratch ist ein Projekt der Scratch Foundation und der Lifelong Kindergarten Group am MIT Media Lab. Es steht kostenlos unter https://scratch.mit.edu zur Verfügung.; **78.2.1** Scratch/CC-BY-SA-4.0 Creative Commons. Scratch ist ein Projekt der Scratch Foundation und der Lifelong Kindergarten Group am MIT Media Lab. Es steht kostenlos unter https://scratch.mit.edu zur Verfügung.; **78.2.2** Scratch/CC-BY-SA-4.0 Creative Commons. Scratch ist ein Projekt der Scratch Foundation und der Lifelong Kindergarten Group am MIT Media Lab. Es steht kostenlos unter https://scratch.mit.edu zur Verfügung.; **78.3** Scratch/CC-BY-SA-4.0 Creative Commons. Scratch ist ein Projekt der Scratch Foundation und der Lifelong Kindergarten Group am MIT Media Lab. Es steht kostenlos unter https://scratch.mit.edu zur Verfügung.; **78.4** Media Office GmbH, Kornwestheim; **78.5** Scratch/CC-BY-SA-4.0 Creative Commons. Scratch ist ein Projekt der Scratch Foundation und der Lifelong Kindergarten Group am MIT Media Lab. Es steht kostenlos unter https://scratch.mit.edu zur Verfügung.; **79.6** Media Office GmbH, Kornwestheim; **80.1** Scratch/CC-BY-SA-4.0 Creative Commons. Scratch ist ein Projekt der Scratch Foundation und der Lifelong Kindergarten Group am MIT Media Lab. Es steht kostenlos unter https://scratch.mit.edu zur Verfügung.; **80.2** Scratch/CC-BY-SA-4.0 Creative Commons. Scratch ist ein Projekt der Scratch Foundation und der Lifelong Kindergarten Group am MIT Media Lab. Es steht kostenlos unter https://scratch.mit.edu zur Verfügung.; **80.3.1** Scratch/CC-BY-SA-4.0 Creative Commons. Scratch ist ein Projekt der Scratch Foundation und der Lifelong Kindergarten Group am MIT Media Lab. Es steht kostenlos unter https://scratch.mit.edu zur Verfügung.; **80.3.2** Scratch/CC-BY-SA-4.0 Creative Commons. Scratch ist ein Projekt der Scratch Foundation und der Lifelong Kindergarten Group am MIT Media Lab. Es steht kostenlos unter https://scratch.mit.edu zur Verfügung.; **80.4** Media Office GmbH, Kornwestheim; **81.5** Scratch/CC-BY-SA-4.0 Creative Commons. Scratch ist ein Projekt der Scratch

Foundation und der Lifelong Kindergarten Group am MIT Media Lab. Es steht kostenlos unter https://scratch.mit.edu zur Verfügung.; **81.6.1** Scratch/CC-BY-SA-4.0 Creative Commons. Scratch ist ein Projekt der Scratch Foundation und der Lifelong Kindergarten Group am MIT Media Lab. Es steht kostenlos unter https://scratch.mit.edu zur Verfügung.; **81.6.2** Scratch/CC-BY-SA-4.0 Creative Commons. Scratch ist ein Projekt der Scratch Foundation und der Lifelong Kindergarten Group am MIT Media Lab. Es steht kostenlos unter https://scratch.mit.edu zur Verfügung.; **82.1** ShutterStock.com RF, New York (Dmitriy Prayzel); **82.2** Scratch/CC-BY-SA-4.0 Creative Commons. Scratch ist ein Projekt der Scratch Foundation und der Lifelong Kindergarten Group am MIT Media Lab. Es steht kostenlos unter https://scratch.mit.edu zur Verfügung.; **82.3** Scratch/CC-BY-SA-4.0 Creative Commons. Scratch ist ein Projekt der Scratch Foundation und der Lifelong Kindergarten Group am MIT Media Lab. Es steht kostenlos unter https://scratch.mit.edu zur Verfügung.; **82.4** Scratch/CC-BY-SA-4.0 Creative Commons. Scratch ist ein Projekt der Scratch Foundation und der Lifelong Kindergarten Group am MIT Media Lab. Es steht kostenlos unter https://scratch.mit.edu zur Verfügung.; **83.5** Scratch/CC-BY-SA-4.0 Creative Commons. Scratch ist ein Projekt der Scratch Foundation und der Lifelong Kindergarten Group am MIT Media Lab. Es steht kostenlos unter https://scratch.mit.edu zur Verfügung.; **83.6** Scratch/CC-BY-SA-4.0 Creative Commons. Scratch ist ein Projekt der Scratch Foundation und der Lifelong Kindergarten Group am MIT Media Lab. Es steht kostenlos unter https://scratch.mit.edu zur Verfügung.; **84.1.1** Scratch/CC-BY-SA-4.0 Creative Commons. Scratch ist ein Projekt der Scratch Foundation und der Lifelong Kindergarten Group am MIT Media Lab. Es steht kostenlos unter https://scratch.mit.edu zur Verfügung.; **84.1.2** Scratch/CC-BY-SA-4.0 Creative Commons. Scratch ist ein Projekt der Scratch Foundation und der Lifelong Kindergarten Group am MIT Media Lab. Es steht kostenlos unter https://scratch.mit.edu zur Verfügung.; **84.1.3** Scratch/CC-BY-SA-4.0 Creative Commons. Scratch ist ein Projekt der Scratch Foundation und der Lifelong Kindergarten Group am MIT Media Lab. Es steht kostenlos unter https://scratch.mit.edu zur Verfügung.; **84.1.4** Scratch/CC-BY-SA-4.0 Creative Commons. Scratch ist ein Projekt der Scratch Foundation und der Lifelong Kindergarten Group am MIT Media Lab. Es steht kostenlos unter https://scratch.mit.edu zur Verfügung.; **84.2** Media Office GmbH, Kornwestheim; **85.1.1** Scratch/CC-BY-SA-4.0 Creative Commons. Scratch ist ein Projekt der Scratch Foundation und der Lifelong Kindergarten Group am MIT Media Lab. Es steht kostenlos unter https://scratch.mit.edu zur Verfügung.; **85.1.2** Scratch/CC-BY-SA-4.0 Creative Commons. Scratch ist ein Projekt der Scratch Foundation und der Lifelong Kindergarten Group am MIT Media Lab. Es steht kostenlos unter https://scratch.mit.edu zur Verfügung.; **85.4.1** Scratch/CC-BY-SA-4.0 Creative Commons. Scratch ist ein Projekt der Scratch Foundation und der Lifelong Kindergarten Group am MIT Media Lab. Es steht kostenlos unter https://scratch.mit.edu zur Verfügung.; **85.4.2** Scratch/CC-BY-SA-4.0 Creative Commons. Scratch ist ein Projekt der Scratch Foundation und der Lifelong Kindergarten Group am MIT Media Lab. Es steht kostenlos unter https://scratch.mit.edu zur Verfügung.; **85.4.3** Scratch/CC-BY-SA-4.0 Creative Commons. Scratch ist ein Projekt der Scratch Foundation und der Lifelong Kindergarten Group am MIT Media Lab. Es steht kostenlos unter https://scratch.mit.edu zur Verfügung.; **86.1** Scratch/CC-BY-SA-4.0 Creative Commons. Scratch ist ein Projekt der Scratch Foundation und der Lifelong Kindergarten Group am MIT Media Lab. Es steht kostenlos unter https://scratch.mit.edu zur Verfügung.; **86.2** Scratch/CC-BY-SA-4.0 Creative Commons. Scratch ist ein Projekt der Scratch Foundation und der Lifelong Kindergarten Group am MIT Media Lab. Es steht kostenlos unter https://scratch.mit.edu zur Verfügung.; **86.3.1** Scratch/CC-BY-SA-4.0 Creative Commons. Scratch ist ein Projekt der Scratch Foundation und der Lifelong Kindergarten Group am MIT Media Lab. Es steht kostenlos unter https://scratch.mit.edu zur Verfügung.; **86.3.2** Scratch/CC-BY-SA-4.0 Creative Commons. Scratch ist ein Projekt der Scratch Foundation und der Lifelong Kindergarten Group am MIT Media Lab. Es steht kostenlos unter https://scratch.mit.edu zur Verfügung.; **86.4.1** Scratch/CC-BY-SA-4.0 Creative Commons. Scratch ist ein Projekt der Scratch Foundation und der Lifelong Kindergarten Group am MIT Media Lab. Es steht kostenlos unter https://scratch.mit.edu zur Verfügung.; **86.4.2** Scratch/CC-BY-SA-4.0 Creative Commons. Scratch ist ein Projekt der Scratch Foundation und der Lifelong Kindergarten Group am MIT Media Lab. Es steht kostenlos unter https://scratch.mit.edu zur Verfügung.; **87.5.1** Scratch/CC-BY-SA-4.0 Creative Commons. Scratch ist ein Projekt der Scratch Foundation und der Lifelong Kindergarten Group am MIT Media Lab. Es steht kostenlos unter https://scratch.mit.edu zur Verfügung.; **87.5.2** Scratch/CC-BY-SA-4.0 Creative Commons. Scratch ist ein Projekt der Scratch Foundation und der Lifelong Kindergarten Group am MIT Media Lab. Es steht kostenlos unter https://scratch.mit.edu zur Verfügung.; **87.5.3** Scratch/CC-BY-SA-4.0 Creative Commons. Scratch ist ein Projekt der Scratch Foundation und der Lifelong Kindergarten Group am MIT Media Lab. Es steht kostenlos unter https://scratch.mit.edu zur Verfügung.; **87.5.4** Scratch/CC-BY-SA-4.0 Creative Commons. Scratch ist ein Projekt der Scratch Foundation und der Lifelong Kindergarten Group am MIT Media Lab. Es steht kostenlos unter https://scratch.mit.edu zur Verfügung.; **88.1** stock.adobe.com, Dublin (alexlmx); **88.2** Scratch/CC-BY-SA-4.0 Creative Commons. Scratch ist ein Projekt der Scratch Foundation und der Lifelong Kindergarten Group am MIT Media Lab. Es steht kostenlos unter https://scratch.mit.edu zur Verfügung.; **88.3** Scratch/CC-BY-SA-4.0 Creative Commons. Scratch ist ein Projekt der Scratch Foundation und der Lifelong Kindergarten Group am MIT Media Lab. Es steht kostenlos unter https://scratch.mit.edu zur Verfügung.; **88.4.1** Scratch/CC-BY-SA-4.0 Creative Commons. Scratch ist ein Projekt der Scratch Foundation und der Lifelong Kindergarten Group am MIT Media Lab. Es steht kostenlos unter https://scratch.mit.edu zur Verfügung.; **88.4.2** Scratch/CC-BY-SA-4.0 Creative Commons. Scratch ist ein Projekt der Scratch Foundation und der Lifelong Kindergarten Group am MIT Media Lab. Es steht kostenlos unter https://scratch.mit.edu zur Verfügung.; **89.5.1** Scratch/CC-BY-SA-4.0 Creative Commons. Scratch ist ein Projekt der Scratch Foundation und der Lifelong Kindergarten Group am MIT Media Lab. Es steht kostenlos unter https://scratch.mit.edu zur Verfügung.; **89.5.2** Scratch/CC-BY-SA-4.0 Creative Commons. Scratch ist ein Projekt der Scratch Foundation und der Lifelong Kindergarten Group am MIT Media Lab. Es steht kostenlos unter https://scratch.mit.edu zur Verfügung.; **89.6.1** Scratch/CC-BY-SA-4.0 Creative Commons. Scratch ist ein Projekt der Scratch Foundation und der Lifelong Kindergarten Group am MIT Media Lab. Es steht kostenlos unter https://scratch.mit.edu zur Verfügung.; **89.6.2** Scratch/CC-BY-SA-4.0 Creative Commons. Scratch ist ein Projekt der Scratch Foundation und der Lifelong Kindergarten Group am MIT Media Lab. Es steht kostenlos unter https://scratch.mit.edu zur Verfügung.; **Umschlag** Getty Images Plus, München (E+/RicardoImagen);

1. Auflage 1 5 4 3 2 1 | 26 25 24 23 22

Alle Drucke dieser Auflage sind unverändert und können im Unterricht nebeneinander verwendet werden.
Die letzte Zahl bezeichnet das Jahr des Druckes.

Autorinnen und Autoren: Pascal Boesch, Katharina Geldreich, Uschi Rottinger

Entstanden in Zusammenarbeit mit dem Projektteam des Verlages.

Gestaltung: Gourdin & Müller, Leipzig
Titelbild: Getty Images Plus, München (E+/RicardoImagen)
Satz: media office GmbH, Kornwestheim
Druck: Passavia Druckservice GmbH & Co. KG, Passau

Printed in Germany
ISBN 978-3-12-007334-5

9 783120 073345